초등 과학 진짜 문해력

6-2

창비

초등 과학 진짜 문해력 6-2

아꿈선
교수학습자료
개발연구소

창비교육

과학으로 세상을 보는 눈을 키워 갈 아이들을 위해

최근 매체나 뉴스에서 '문해력'이라는 단어를 많이 보았을 것입니다. 요즘 아이들이 글자를 읽을 줄은 알지만, 그 글자들이 결합되어 만들어진 문장이나 글은 이해하기 어려워한다는 내용이었을 테지요. 쉽고 짧은 글도 제대로 읽어 내지 못하는 아이들에게 과학이라니, 마음이 무거워집니다. 그렇다고 손 놓고 있을 수는 없겠지요. 지식 교과인 과학을 이해하는 능력인 '과학 문해력'은 아이들의 향후 학습에 많은 영향을 주기 때문입니다.

『초등 과학 진짜 문해력』은 과학 개념어를 바탕으로 과학 문해력을 효과적으로 길러 줍니다. 먼저 이 책은 새롭게 만들어진 검정 교과서 초등 과학 7종에 수록된 핵심 개념어를 알차게 담고 있습니다. 이렇게 익힌 과학 개념어는 수학 능력 시험까지 이어집니다. 당장 이해하기 어렵다고 미루기보다는 초등 과정부터 차근차근 익혀 나가는 것이 중요하겠지요.

여기에 더해 이 책은 자세한 설명과 친절한 이미지 자료로 아이들의 이해를 돕습니다. 학습 만화와 동화에 익숙한 아이들의 수준에 맞춰 적절한 읽기 분량을 제시하는 것은 물론이고, 완결성 높은 좋은 글을 통해 자신의 생각을 기르도록 합니다. 또 아이들이 주변에서 쉽게 만날 수 있는 과학적 사실과 원리를 예로 들며 호기심을 자극하고, 생활 속 재료로 실험을 할 수 있게 하여 흥미 역시 높였습니다. 이를 통해 아이들은 과학적 원리를 직접 추론하고 이해할 수 있을 것입니다. 이 책으로 우리 아이들의 과학 문해력이 높아지고 세상을 보는 눈이 넓어지기를 바랍니다.

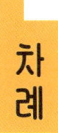

머리말 • 5

1. 전기의 이용

한눈에 읽는 개념 지도 전기의 이용 • 12

전기 • 14
전기 회로 • 19
도체와 부도체 • 24
직렬연결 • 29
자기장 • 35

전류 • 16
전기 부품 • 21
전압과 저항 • 27
병렬연결 • 32
전자석 • 37

문해력 튼튼 도체와 부도체, 그리고 반도체? • 40
방구석 실험실 샤프심 전구 만들기 • 42

2. 계절의 변화

한눈에 읽는 개념 지도 계절의 변화 • 46

계절 • 48
하루 동안의 태양 고도 • 52
계절이 변하는 까닭 • 59
북반구와 남반구의 계절 • 66

태양 고도 • 50
계절에 따른 태양 고도 • 55
위도에 따른 계절 변화 • 63
절기 • 69

문해력 튼튼 우리 조상들, 태양 고도를 활용하다 • 72
방구석 실험실 태양 고도 측정기 만들기 • 74

3. 연소와 소화

한눈에 읽는 개념 지도 연소와 소화 • 78

연소 • 80
산소 • 85
연소 후 발생하는 물질 • 90
화재 • 95
소화 • 99

탈 물질 • 83
발화점 • 87
완전 연소와 불완전 연소 • 93
가연 재료와 불연재 • 97

문해력 튼튼 우리나라 최초의 소방관서, '금화도감' • 102
방구석 실험실 간이 소화기 만들기 • 104

4. 우리 몸의 구조와 기능

한눈에 읽는 개념 지도 몸의 구조와 기능 • 108

몸 • 110
소화 기관 • 115
순환 기관 • 120
배설 기관 • 126
감각 기관 • 131

운동 기관 • 113
호흡 기관 • 117
심장 • 123
배설 • 128
자극과 반응 • 133

문해력 튼튼 물 대신 소변을 마셔도 되나요? • 136
방구석 실험실 착시 현상 관찰하기 • 138

5. 에너지와 생활

한눈에 읽는 개념 지도 에너지의 특성 • 142

에너지 • 144   힘과 일 • 147
에너지의 형태와 종류 • 149   열에너지 • 151
빛 에너지 • 153   전기 에너지 • 155
화학 에너지 • 157   운동 에너지 • 159
위치 에너지 • 161   에너지 전환 • 163

문해력 튼튼 자연을 살리는 인간의 노력, 신재생 에너지 • 166

방구석 실험실 종이비행기 발사대 만들기 • 168

한 문장 정리 모아 보기 • 172

1

전기의 이용

이 세상에서 전기가 사라진다면 어떻게 될까요? 밤이 되면 깜깜한 어둠 속에서 아주 불편하게 살아야 할 거예요. 그 뿐만 아니라 좋아하는 게임기도 할 수 없고, 애니메이션도 볼 수 없게 돼요. 이처럼 소중하고 중요한 전기에 대해 자세히 알아볼까요?

전기

우리 생활에 없어서는 절대 안 될 전기. 전기는 전자가 흐를 때 발생하는 에너지를 말해요. 전기를 이해하기 위해서는 우리 눈에 보이지 않는 아주 작은 세계에 대한 상상력을 키워야 합니다. 물체를 이루고 있는 물질 안에는 전자라고 하는 눈에 보이지 않는 작은 알갱이가 존재하는데요. 이 전자는 평소에는 천방지축이라 이리저리 움직여요.

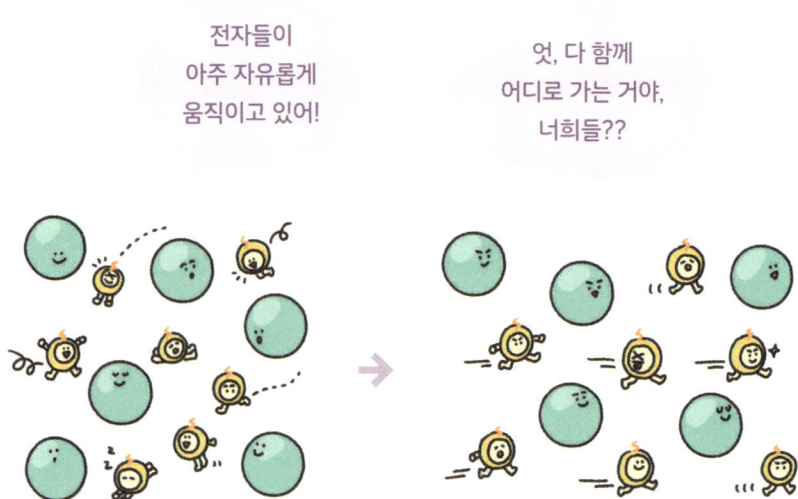

그러다 어느 순간 전자는 일정한 방향으로 움직이는데, 이렇게 전자가 같은 방향으로 지속적으로 움직이면 에너지가 생깁니다. 이것을 '전기'라고 해요. 이 상태를 "전기가 흐른다."라고 이야기한답니다. 전기가 이동하는 속도는 1초에 약 30만 km를 갈 수 있을 정도로 어마어마하게 빨라요.

 한 문장 정리

전자가 일정한 방향으로 흐를 때 생기는 에너지를 ㅈ ㄱ 라고 해요.

전류

이탈리아의 생물학자인 루이지 갈바니는 어느 날 개구리 수프를 만들고 있었습니다. 그러던 중 죽은 개구리의 다리에 칼날이 닿았을 때 개구리의 다리가 살아 있는 것처럼 움찔거리는 모습을 보았지요. 그래서 갈바니는 동물의 몸에 있는 동물 전기가 금속을 가져다 대면 반응해 전기가 흐르는 것이라고 생각했어요.

하지만 물리학자인 볼타는 이와는 다른 의견이었습니다. 동물 같은 생물체의 몸이 없어도 금속만 있다면 전기가 흐를 수 있다는 것이었지요. 다양한 방법으로 실험을 한 끝에 서로 다른 두 금속 조각을 소금물이나 묽은 황산 용액 등에 담그고 연결하면 전기가 흐른다는 사실

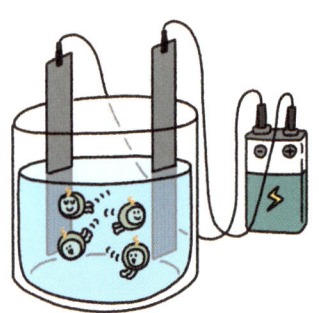

전기는 금속뿐만 아니라 액체에서도 흘러.

을 알아냈어요.

볼타는 서로 다른 금속판 사이에 전자가 잘 다닐 수 있는 용액을 채워 넣고, 그 용액을 타고 전자가 움직이게 하여 전기를 흐르게 했습니다. 이것을 '볼타 전지'라고 이름 붙였어요.

볼타 전지의 발명은 전기 발전을 위한 엄청난 사건이 되었지요. 볼타 전지 이전에는 단지 전기를 잠시 저장해 둘 수 있는 레이던병이라는 것만 있었거든요. 레이던병의 전기는 잠시 저장되어 있다가 전기가 통하게 되면 아주 잠깐 흘렀다 사라져요.

> 볼타 전지의 전기는 계속해서 흐른다는 특징이 있어.

▲ 볼타 전지

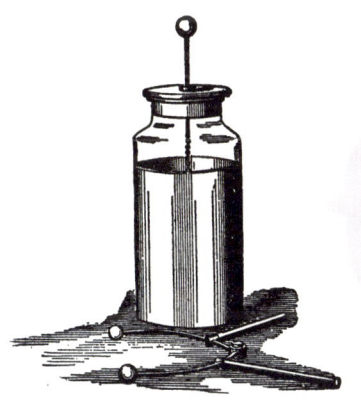

▲ 레이던병

> 병 안에 있는 전기는 흐르지 않는 전기, 즉 정전기야. 정전기는 '팟!' 하고 튀는 순간만 흘렀다가 사라져.

전기가 잠시 멈추어 있는 상태인 레이던병과 달리 볼타 전지의 전기는 물처럼 계속해서 흘러요. 이렇게 강물처럼 흐르는 전기를 두고 '전류'라고 하지요.

전기를 이용한 가전제품들을 살펴보면 대부분 전선으로 연결되어 있습니다. 이 전선이 바로 전기가 물처럼 흘러가는 통로이고, 우리는 이렇게 흐르는 전기인 전류를 사용하는 것입니다.

그런데 앞서 전기는 전자가 일정한 방향으로 흘러가는 거라고 이야기했지요. 전자를 발견하기 전 과학자들은 전류가 (+)극에서 (-)극의 방향으로 흐른다고 생각했어요. 그런데 전자를 발견하고 살펴보니 전자는 (-)극에서 (+)극으로 움직인다는 사실을 알아냈습니다. 그런데 전류의 방향은 그냥 그대로 사용하기로 해서, 현재 전류의 방향과 전자의 이동 방향은 반대로 남아 있대요. 하지만 둘 다 어느 쪽이든 일정한 방향으로 흘러간다는 사실은 똑같답니다.

 한 문장 정리

강물처럼 계속 흘러가는 전기를 ㅈ ㄹ 라고 해요.

전기 회로

 농부가 물길을 만들어 원하는 곳으로 물을 흐르게 하는 것처럼 전류가 흐를 길을 만들면 전기 기구를 원하는 대로 작동할 수 있어요. 이렇게 전류가 흐를 수 있는 길을 '전기 회로'라고 해요.

 전기 회로를 만들기 위해서는 전지, 전선, 스위치, 전구나 전동기 등이 필요해요. 이러한 전기 부품들이 있어야 전기가 통하는 길을 만들 수 있지요.

잘 연결되어야 전기가 흐를 수 있어

만약 농부가 만들어 둔 물길 가운데에 흙더미가 쏟아진다면 물은 흐를 수 없을 거예요. 마찬가지로 전기 회로를 만들 때 막히거나 끊어지는 부분 없이 잘 이어져야 전기가 끊기지 않고 잘 통하여 전구나 전동기를 작동시킬 수 있답니다. 우리는 다양한 전기 부품들을 끊어지지 않게 이어, 여러 가지 전기 회로를 만들어 볼 수 있어요. 전선의 종류에 따라 전기 회로의 모습도 조금씩 달라지지만 끊어지지 않게 이어져야 한다는 사실은 똑같아요.

 한 문장 정리

전류가 흐를 수 있는 길을 전기　ㅎ　ㄹ　라고 해요.

전기 부품

전기 회로를 만드는 데는 다양한 전기 부품들이 사용됩니다. 지금부터 실험할 때 우리가 가장 흔하게 사용하는 전기 부품 몇 가지에 대하여 알아보려고 합니다.

▲ 다양한 모양의 건전지

가장 먼저 전지에 관하여 알아볼 거예요. 전지는 전기 기구에 전기를 계속해서 흐르게 할 수 있는 장치를 말해요. 앞서 이야기한 볼타 전지 이후에 우리는 용액을 사용하지 않고 고체를 사용해서 흐르지 않고 간편하게 만든 건전지를 사용하게 되었지요. 전지는 크기와 종류가 매우 다양하지만 (+)극과 (-)극이 있는 비슷한 구조로 되어 있습니다. 전구가 작동하기 위해서는 전지의 양쪽 극이 전구에 잘 연결되어 있어야 해요.

다음으로 알아볼 부품은 전선입니다. 전지가 전구를

집게가 악어의 이빨을 닮아서 영어로 '엘리게이터 클립'이라고도 해.

▲ 집게 달린 전선

작동시키려면 전선으로 두 전기 부품을 연결해야 해요. 전선은 전류가 흐를 수 있는 길을 만들어 주는 부품인데요. 마치 수도꼭지에서 원하는 방향으로 물을 뿜게 만들어 주는 호스와 같은 역할을 하지요. 실험에서 전선을 사용할 때 조금 더 편리하게 부품을 연결해서 전기 회로를 꾸미려고, 전선의 양쪽 끝에 집게를 달아 만든 집게 달린 전선을 주로 사용합니다.

내가 꾸민 전기 회로에 전류가 잘 흐를 때 전구가 밝게 빛나는 모습을 보았을 거예요. 이렇게 전구는 전기가 통했을 때 빛을 내는 전기 부품이지요. 전구는 다음과 같은 구조로 만들어져 있어요.

전구가 빛을 내기 위해서는 전

▲ 전구의 구조

지의 (+)극과 (−)극을 전구에 잘 연결해야 해요. 이때 전구의 꼭지와 꼭지쇠를 전선을 이용하여 전지의 양극에 잘 연결해 주면 전기가 전구로 흘러들어 갑니다. 그리고 전구의 필라멘트가 달구어지면서 밝은 빛을 내지요.

전구는 1879년에 미국의 발명가 토머스 에디슨이 발명했어요. 에디슨이 전구를 발명하기 전까지 우리는 촛불이나 횃불 등을 사용했지요. 에디슨의 백열전구를 여러 과학자들이 발전시켜, 지금은 모양도 크기도 종류도 매우 다양한 전구들이 사용되고 있습니다. 우리가 살아가는 생활 곳곳에서 형광등이나 할로겐전구, LED 전구 등을 접할 수 있지요.

한 문장 정리

전지, 전선, 전구 등 다양한 전기  을 사용하여 전기 회로를 만들 수 있어요.

도체와 부도체

전선을 타고 흐르는 전류는 전선 겉 부분으로는 새어 나가지 않아요. 그 이유는 바로 전선의 구조와 관련이 있습니다.

전선은 전기가 잘 통하는 물질로 만들어요. 하지만 전선이 전기가 잘 통하는 물질로만 만들어진다면 감전될 위험이 있어 안전하게 사용할 수 없어요. 그래서 전선의 속 부분은 구리나 알루미늄처럼 전기가 잘 통하는 물질로 도선을 만들고, 겉은 전기가 잘 통하지 않는 고무 등으로 감싸서 만들어요. 이렇게 해야 우리 손에 전기가 통하지 않아 전선을 안전하게 사용할 수 있답니다. 하지만 아무리 전선 표면이 전기가 잘 통하지 않는다고 해도 젖은 손으로 전선을 만지는 것은 매우 위험하니 주의

전선은 전기가 잘 흐르는 부분과 전기가 흐르지 않는 부분으로 되어 있어.

해야 합니다.

　우리는 세상에 많은 종류의 물질이 있다는 것을 알고 있어요. 이러한 물질 중에는 전선의 속 부분을 만드는 물질처럼 전기가 잘 통하는 물질이 있고, 전선의 겉 부분을 감싸고 있는 물질처럼 전기가 잘 통하지 않는 물질이 있습니다. 이러한 물질을 도체와 부도체라고 불러요.

　앞서 전자들이 일정한 방향을 가지고 움직이는 것을 전기가 흐른다고 표현했어요. 이렇게 전자가 자유롭게 움직일 수 있어서 전기가 잘 통하는 물질을 '도체'라고 해요. 대표적인 도체로는 쇠나 은 같은 금속 종류가 있어요.

　이와 반대로 전자가 자유롭게 움직이지 못해서 전기가 통하지 않는 물질을 '부도체'라고 해요. 대표적인 부도체로는 고무나 플라스틱, 유리, 비닐, 나무, 종이 등이 있지요.

　전기 작업을 할 때는 부도체로 만들어진 안전 장비를 잘 착용하는 것이 무엇보다 중요해요. 전기는 어디로든 통할 수 있기 때문에 몸의 모든 부위가 전류가 흐르는 곳에 닿지 않도록 주의해야 합니다. 특히 전기 작업은 손

전기 작업은 위험하지만 부도체로 만든 안전 장비들이 있으면 안전해.

을 사용하기 때문에 *절연 장갑을 꼭 껴야 하지요. 도체와 부도체를 잘 사용하면 우리에게 꼭 필요한 전기를 조금 더 안전하고 효율적으로 사용할 수 있답니다.

✱ 절연 전류가 통하지 못하게 하는 일을 말해요.

 한 문장 정리

전기가 잘 통하는 물체를 ㄷ ㅊ , 전기가 통하지 않는 물체를 ㅂ ㄷ ㅊ 라고 해요.

전압과 저항

무엇인가를 누르는 힘을 무엇이라고 하는지 기억하나요? 맞아요. 압력이라고 해요. 전기와 관련된 압력도 있어요. 바로 전압이에요. '전압'이란 전류를 흐르게 하는 힘을 말해요.

전기 제품에서 220V라는 글자를 본 적이 있을 거예요. 이때 V가 바로 전압을 나타내는 단위인 볼트(V)입니다. 우리가 사용하는 건전지에도 전압이 나타나 있어요. 전지 대부분은 1.5V이지요.

전압이 세질수록 전기 회로에 흐르는 전류의 양이 많아져요. 전압이 세져 높은 압력으로 전류가 흐르면 전구도 더 밝게 빛나요.

한편, 전류의 흐름을 방해하는 것을 '저항'이라고 해요. 전기 저항은 도선의 조건에 따라 달라져요. 즉, 전선 속 도체가 무슨 물질로 만들어졌느냐에 따라 저항이 달라진다는 것입니다. 사람이 물 밖(공기)과 물속(물)에서 달리기를 할 때를 비교해 보면 쉽게 이해할 수 있을 거예요.

또한 같은 물질로 만들어진 도선이라도 도선의 길이와 굵기에 따라 저항이 달라지지요. 도선이 길수록 도선이 얇을수록 전자가 움직이기 힘들어져 저항이 커져요.

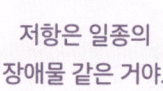
저항은 일종의 장애물 같은 거야.

또한 전선으로만 연결된 전기 회로보다 전구나 전동기 등 여러 전기 부품이 있는 회로일수록 저항은 더 세진답니다. 마치 장애물 달리기처럼 말이에요. 장애물을 뛰어넘기 위해서 더 많은 힘이 필요한 것처럼 전자가 전기 부품을 작동시키며 회로를 지나갈 때는 그냥 전선을 따라 이동하는 것보다 더 큰 힘이 필요하답니다.

 한 문장 정리

전류를 흐르게 하는 힘을 ㅈ ㅇ , 전류의 흐름을 방해하는 것을 ㅈ ㅎ 이라고 해요.

직렬연결

전기에 관하여 공부를 하다가 직렬연결이라는 말을 들어봤을 거예요. '직렬연결'은 전지와 전구 등이 (+)극에서 (−)극으로 한길로 연결된 것을 말해요. 그림을 통하여 살펴볼까요?

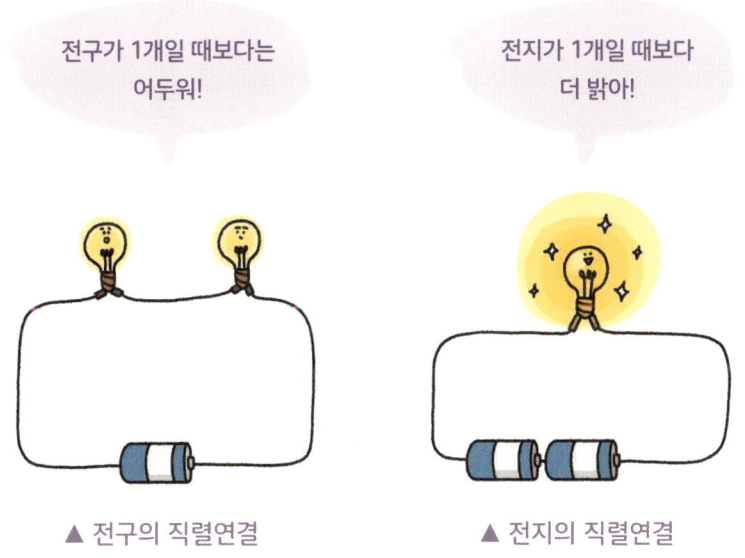

▲ 전구의 직렬연결   ▲ 전지의 직렬연결

위 그림처럼 전구가 직렬연결된 경우와 전지가 직렬연결된 경우가 있습니다. 그런데 두 그림에서 전구의 밝기가 다르네요? 그 이유에 관하여 알아보겠습니다.

먼저 전지가 직렬연결되었을 때부터 살펴볼게요. 전지에는 전류를 흐르게 하는 힘, 즉 전압이 있어요. 이러한 전지가 직렬연결된 경우, 많은 양의 전류가 한꺼번에 도선에 흐르기 때문에 전류의 세기가 세지게 되지요. 그래서 전구가 더 밝게 빛날 수 있는 것이랍니다.

여러 개의 전지를 한꺼번에 직렬연결할수록 전구는 더 밝게 빛날 수 있어요. 하지만 전지의 힘은 그 끝이 있는 법. 저마다 한꺼번에 많은 전류를 소비하고 나면 전지를 오래 사용할 수 없답니다. 여러 개의 전지를 연결해도 전지 한 개의 수명만큼 쓸 수 있어요.

다음으로 전구가 직렬연결되었을 때를 살펴보겠습니다. 전구가 직렬연결된 경우에는 전구가 하나만 연결되었을 때보다 전류가 전구에 빛을 내는 일을 하고 지나가야 하는 몫이 커져요. 그래서 같은 전압으로 힘겹게 여러 개의 전구를 켤 수 있습니다.

마치 장애물이 여러 개 놓인 달리기를 하는 사람들처럼 말이에요. 힘겹게 켜진 이 전구들은 하나만 연결되어 있을 때보다 불빛이 어두워질 수밖에 없습니다.

이렇게 직렬연결은 한길로 곧바로 연결되어 있다는 특징이 있어요. 그래서 어느 하나라도 연결이 끊기면 전류가 흐를 수 없다는 특징이 있어요. 다리가 하나밖에 없는 높은 곳에서 다리가 끊어지면 건너편으로 갈 수 없는 것처럼 직렬로 꾸며진 전기 회로에서 전구나 전지를 하나만 빼버리더라도 그 회로에는 전류가 흐를 수 없답니다.

 한 문장 정리

전지와 전구 등을 한길로 연결한 것을 ㅈ ㄹ ㅇ ㄱ **이라고 해요.**

병렬연결

 한길로 전류가 흐르는 직렬연결과 달리 전류가 여러 갈래로 나누어져 흐르는 병렬연결도 있어요. '병렬연결'은 전지나 전구 여러 개를 두 갈래 이상의 길로 연결한 것을 말해요. 그림을 통하여 살펴보겠습니다.

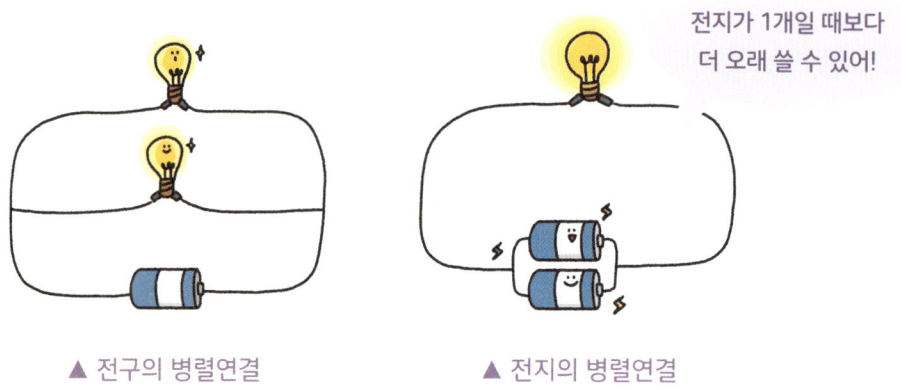

▲ 전구의 병렬연결   ▲ 전지의 병렬연결

 직렬연결과 마찬가지로 병렬연결도 전구가 병렬연결된 경우와 전지가 병렬연결된 경우가 있어요.
 먼저 전지의 병렬연결에 대하여 살펴보겠습니다. 전지

의 병렬연결을 자세히 살펴보면, 전지를 (+)극은 (+)극 끼리, (−)극은 (−)극끼리 연결한 후 이를 다시 하나로 연결한 것이에요. 직렬연결에서 여러 개의 전지를 연결하면 전구의 불빛이 더 밝아지는 것과 달리, 병렬연결에서는 여러 개의 전지를 연결해도 전구의 불빛이 더 밝아지지 않아요. 대신 한꺼번에 전류를 소비하는 직렬연결과 달리 천천히 오랫동안 전지를 사용할 수 있지요.

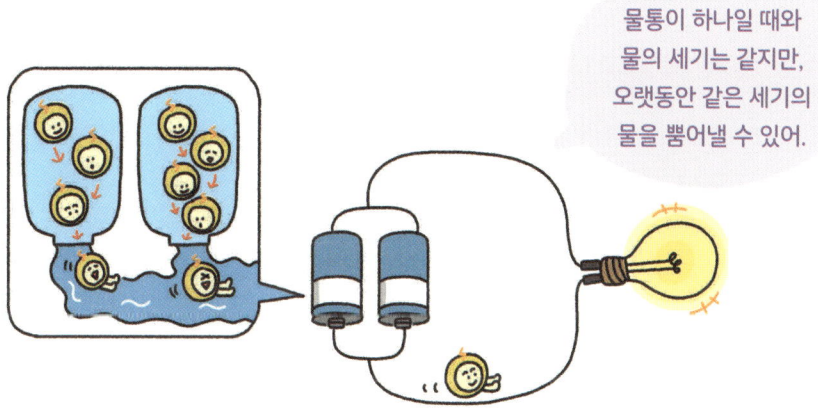

물통이 하나일 때와 물의 세기는 같지만, 오랫동안 같은 세기의 물을 뿜어낼 수 있어.

다음은 전구의 병렬연결을 알아볼게요. 전구가 병렬연결되었을 때는 하나만 연결했을 때와 비교해서 전구의 밝기가 변하지 않거나 비슷해요. 두 갈래로 나누어져 흐르는 전류가 각각 자기 몫의 일을 해낸 후 지나가기 때문이지요.

전구가 병렬연결되었을 때는 전류가 갈라진 길을 나누어 흐르면서, 그 길 위에서 하나의 전구만 켜고 지나가기 때문에 전구의 밝기가 비슷한 것이에요.

이렇듯 병렬연결은 여러 갈래로 나누어져 연결되어 있다는 특징이 있어요. 전구들이 병렬연결된 전기 회로에서 전구를 하나 빼내더라도 전류가 끊어지지 않기 때문에 또 다른 전구에는 불이 계속 켜 있어요. 또한 전지가 병렬연결된 전기 회로에서 전지를 하나 빼내더라도 전류가 끊어지지 않기 때문에 전구에 불이 계속 켜 있답니다. 낭떠러지를 건널 수 있는 다리가 여러 개 있다면, 다리 하나가 끊어져도 다른 다리로 갈 수 있는 것처럼 말이에요.

병렬연결은 전류를 천천히 소비하고 한 곳의 전류가 끊어지더라도 다른 쪽으로는 전류가 흐를 수 있는 장점이 있어서 가정용 전기는 병렬로 연결되어 있지요. 만약 가정용 전기가 직렬로 연결되어 있다면 한 곳의 스위치를 꺼 버리면 집 전체의 전기가 끊어져 버릴 테니까요.

 한 문장 정리

전지 또는 전구를 여러 갈래의 길로 연결한 것을 ㅂ ㄹ ㅇ ㄱ 이라고 해요.

자기장

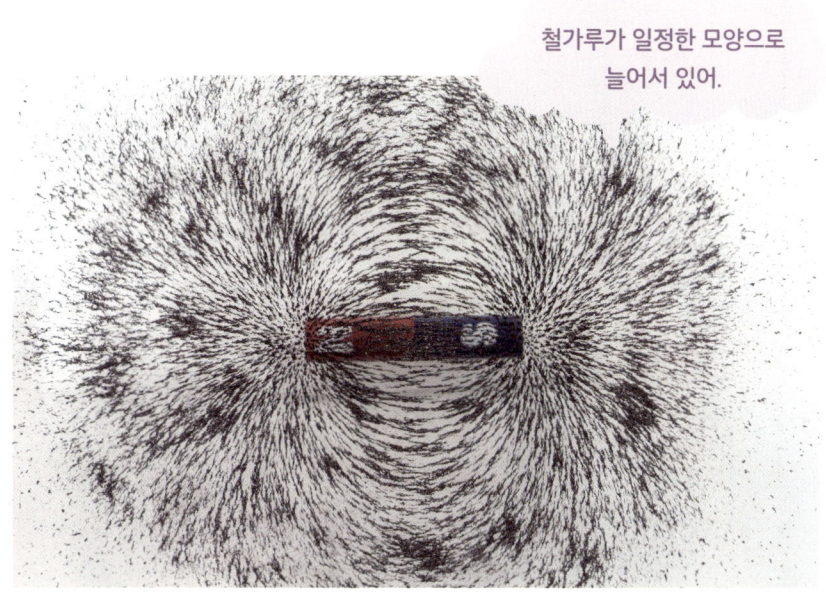

철가루가 일정한 모양으로 늘어서 있어.

자석 위로 투명한 판을 대고 철가루를 뿌렸을 때, 철가루가 일정한 선을 그리며 늘어서는 모습을 본 적이 있을 거예요. 자석 주위에는 자석의 성질이 영향을 미치는 공간, 즉 '자기장'이 있기 때문이지요. 이 자기장 때문에 자석끼리 잡아당기거나 밀기도 하고 자석에 철이 붙기도 하지요. 그런데 전류가 흐르는 전선 주위에도 자기장이 생긴다는 사실, 알고 있었나요?

전선 주위의 자기장을 알아보기 위해서는 전지, 스위

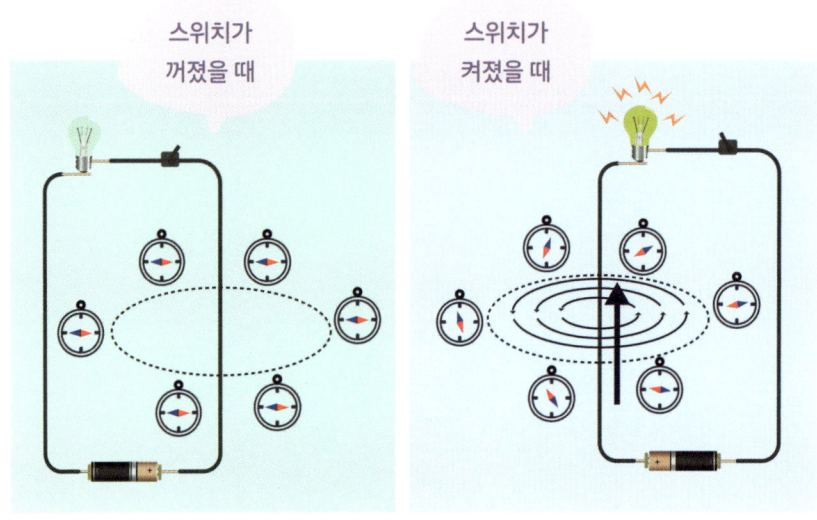

▲ 전선 주위의 자기장 실험

치, 전선 그리고 나침반이 필요해요. 전기 회로를 꾸미고 전선 위에 나침반을 올려놓은 뒤 스위치를 열었다 닫았다 하면 나침반의 바늘도 그에 따라 움직이는 현상을 관찰할 수 있지요.

자석에 N극과 S극이 있는 것처럼 전지에도 (+)극과 (−)극이 있어요. 그래서 전지의 방향을 바꾸어 끼우면 나침반의 바늘도 다르게 움직입니다. 전지의 극에 따라 자기장의 방향이 달라지기 때문이지요.

👉 한 문장 정리

자석의 주위나 전류가 흐르는 전선 주위처럼 저석의 성질이 영향을 미치는 공간을  이라고 해요.

전자석

전류가 흐르는 전선 주위에 생기는 자기장의 원리를 이용하여 만든 것이 바로 전자석입니다. '전자석'은 전기를 이용해서 만든 자석이라는 뜻으로, 전류가 흐를 때만 자기장이 생겨 자석의 성질을 띠는 것을 말하지요. 못에 에나멜선을 감아 전지와 연결하여 전자석을 만들 수 있어요.

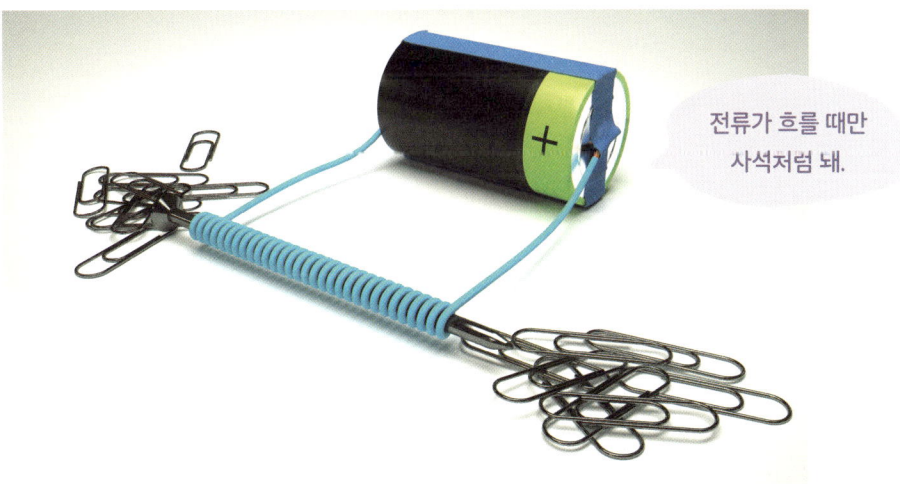

전류가 흐를 때만 사석처럼 돼.

전자석은 장점이 많아요. 일단 전류의 세기가 세질수록 자기장의 힘이 커지기 때문에 커다랗고 무거운 철도 쉽게 붙게 할 수 있지요. 또한 전류의 방향에 따라 극이 바뀌기도 하고, 전류가 흐를 때에만 자기장이 나타나기 때문에 원하는 때만 자석의 성질을 이용할 수 있습니다.

전자석을 이용한 기중기는 전류가 흐르는 동안에는 무거운 철을 붙였다가, 원하는 곳에 옮긴 후 전류를 흐르지 않게 해서 떼어 버릴 수 있습니다.

철만 골라서 들 수 있어.

▲ 전자석 기중기

전동기 또한 전자석을 이용해요. 전동기는 같은 극끼리 밀고 다른 극끼리 당기는 성질을 이용해서, 전류의 방향을 바꾸어 뱅글뱅글 돌아가게 만든 것이랍니다. 전동기는 선풍기나 드라이기, 믹서기 등에 사용됩니다.

또한 스피커에도 전자석의 성질이 이용되는데요. 스피커 안에 있는 코일에 전류가 흐르면 진동판이 울리게 되지요. 이때 진동판 주변의 공기가 울리면서 소리가 나는 원리랍니다.

전류가 코일로 흐를 때 소리가 나.

▲ 스피커

▲ 자기부상열차

보통의 기차는 바퀴가 철로에 닿아서 달리는 반면, 자기부상열차는 궤도와 열차 사이를 전자기력에 의한 반발로 띄우고 추진력을 이용하여 달린답니다. 자기부상열차의 자기력을 만드는 데도 전자석이 사용되지요.

그 밖에도 우리는 전자석을 매우 다양한 용도로 사용하고 있어요. 참 고마운 전자석, 또 어떤 발명품을 만들어 낼 수 있을까요?

 한 문장 정리

전류가 흐를 때에만 자석의 성질을 갖는 것을 ㅈ ㅈ ㅅ 이라고 해요.

문해력 튼튼

● 다음 글을 읽고, 물음에 답해 보세요.

도체와 부도체, 그리고 반도체?

도체는 전기가 통하는 물체, 부도체는 전기가 통하지 않는 물체. 그렇다면 반도체란 무엇일까요? 반도체의 '반'은 한자 '반 반(半)' 자를 사용한 것으로 '반만 도체'라는 뜻인데요, 전기가 통하는 정도가 도체와 부도체의 중간 정도 되는 물질을 이야기합니다. 반도체는 평소에는 부도체처럼 전기가 통하지 않다가 빛 또는 열을 쪼여 주거나 다른 물질을 추가로 주입하면 도체의 성질을 보이게 됩니다.

전기가 잘 통하는 도체는 우리가 원할 때 필요한 만큼 전기를 통하게 하기 어렵지만, 반도체는 사람이 의도하는 대로 성질을 조절할 수 있어 우리 생활에 널리 쓰인답니다.

난 반반이야.

반도체를 연구하면서 사람들은 여러 개의 전자 부품들을 하나의 반도체 칩 속에 집어넣을 수 있는 기술을 발견했습니다. 1958년 미국의 기술자인 잭 킬비라는 사람이

이를 발견했는데, 이전까지는 수많은 전자 부품들을 직접 연결해야만 다양한 기능을 지닌 제품 하나를 만들 수 있었습니다. 그러나 반도체는 몇천 몇만 개의 부품을 작은 칩 속에 넣을 수 있는 길을 열어 줌으로써 전자 제품의 부피를 엄청나게 줄일 수 있게 했지요.

  우리나라 기업인 삼성에서는 꿈의 저장 장치라고 불리는 SSD를 개발했어요. 반도체가 여러 부품들을 하나로 모으는 역할을 할 뿐만 아니라 수많은 데이터를 처리하고 전환하고 저장하며 제어하는 역할까지 하게 된 것이지요. 이러한 반도체는 컴퓨터나 자동차, 스마트폰 등에 없어서는 안 될 중요한 부품이에요. 그래서 세계 많은 나라에 우리나라의 반도체를 수출할 수 있었지요. 삼성전자는 실제로 매년 이 반도체 사업으로 수조 원이 넘는 매출 실적을 기록하고 있어요. 작지만 강한 반도체, 꼭 우리나라의 모습과 닮은 듯합니다.

● 반도체의 성질을 찾아 써 보세요.

 방구석 실험실

샤프심 전구 만들기

전구에 불이 들어오는 원리가 궁금하지 않나요? 간단한 실험을 통해 전구의 원리를 이해할 수 있어요. 에디슨이 전구를 발명했을 때처럼 여러분도 한번 시도해 보세요.

준비물
샤프심, 클립 2개, 테이프, 건전지, 쿠킹 포일, 유리병 2개(큰 것, 작은 것), A4 용지

● 실험 순서

❶ 쿠킹 포일을 길쭉하게 잘라 계단 접기로 두 줄의 전선을 만들어요.

❷ 만들어진 전선 양쪽 끝에 테이프를 이용해서 클립을 붙여 줘요.

❸ 전선에 연결된 클립을 유리병 입구에 테이프로 고정해요.

❹ 클립에 샤프심을 끼우고 알맞은 길이로 부러뜨려요.

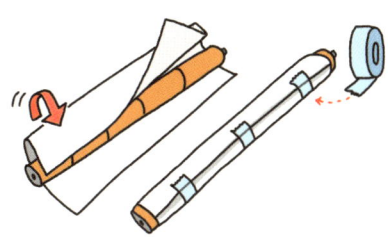

❺ 건전지 5개를 직렬로 늘어 놓고, 종이로 감싸 테이프로 고정해요. 건전지의 양극과 음극이 맞물렸는지 확인하세요.

❻ 작은 유리병으로 윗부분을 덮어 샤프심이 튀지 않게 한 후 쿠킹 포일 전선을 전지에 연결해요.

● 실험의 의의

샤프심에 포함된 '탄소'라는 물질 때문에 빛을 냅니다. 탄소는 전기가 통하면 열을 내는 물질이지요. 전구의 밝게 빛나는 부분인 필라멘트에 탄소가 많이 들어 있기 때문에 열이 날 때 밝게 빛을 낸답니다.

2

계절의 변화

따사로운 봄도 잠시, 뜨거운 여름이 와요. 또 여름이 지나면 어느새 아침저녁으로 제법 쌀쌀한 바람이 부는 가을이 찾아오지요. 그리고 가을이 지나면 찬바람 쌩쌩 부는 겨울이 찾아와요. 이렇게 매년 우리를 손님처럼 찾아오는 계절, 이 계절은 도대체 왜 변하는 걸까요?

한눈에 읽는 개념 지도

계절

꽃피는 봄, 무더운 여름, 청량한 가을 그리고 찬 바람 부는 겨울까지. '계절'은 변화하는 기후에 따라 일 년을 구분지어 놓은 것을 의미해요. 보통 봄, 여름, 가을, 겨울의 사계절로 나누어지지요. 이러한 계절은 시간의 흐름에 따라 순서대로 나타납니다.

여기서 잠깐! 기후는 날씨와 달라요. '날씨'는 하루하루 달라지는 기온이나 강수량, 바람 등의 대기 상태를 의미하지만, '기후'는 긴 기간에 나타난 평균적인 대기 상태를 뜻해요. 그렇기에 기후를 기준으로 구분되는 계절은 날씨와는 다른 의미예요.

> **우리나라 오늘 날씨는?**
> 기온: 20℃
> 강수량: 0mm
>
> **우리나라 연평균 기후는?**
> 평균 기온: 약 12℃
> 평균 강수량: 약 1,300mm

하루에도 날씨는 맑기도 흐리기도 하고, 기온이 높았다가 낮아지기도 하지요. 그렇기에 계절이나 기후는 날씨보다 더 큰 의미라고 할 수 있어요.

우리나라는 세계 여러 나라 중에서도 계절의 변화가 뚜렷하게 나타나는 편에 속해요. 모든 나라에서 사계절이 나타나는 것은 아니거든요. 일 년 중 대부분이 여름인 나라도 있고, 일 년 내내 얼음과 눈으로 뒤덮여 있는 나라도 있어요. 그렇기에 지구에는 지역에 따라 다양한 계절이 공존하고 있지요. 동물과 식물의 생활 방식도 계절에 맞게 적응하여 달라지고, 사람들의 생활 모습도 계절에 따라 뚜렷한 차이를 보인답니다.

이러한 계절의 비밀은 지구와 태양에 있어요. 지금부터 계절이 변화하는 이유를 더 알아보도록 해요.

👉 **한 문장 정리**

 은 반복되어 변화하는 기후에 따라 일 년을 구분지은 것을 의미해요.

태양 고도

태양의 높이를 재려면 기이이이일다란 자가 필요할 거야!

낮과 밤이 생기는 이유는 지구가 자전하기 때문이에요. 지구가 자전하면서 태양이 뜨고 지는 것처럼 보이고, 이에 따라 낮과 밤이 생기지요. 계절이 매년 반복되는 것처럼 낮과 밤도 매일 반복됩니다.

아침부터 낮을 거쳐 해가 질 무렵까지를 떠올려 보세요. 해가 낮은 곳에서 높은 곳으로 점점 떠오르다가 다시 저무는 모습을 본 적이 있을 거예요. 이렇게 태양의 높이는 시간에 따라서 달라지지요. 이럴 때 태양의 높이는 어떻게 잴 수 있을까요?

사실 태양의 높이는 정확하게

잴 수 없기 때문에 태양이 지표면과 이루는 각으로 나타내요. 이것을 지표면과 태양이 이루는 각, '태양 고도'라고 하지요. 태양 고도가 높을수록 해가 높게 떠 있는 것이고 태양 고도가 낮을수록 해가 낮게 떠 있는 거예요.

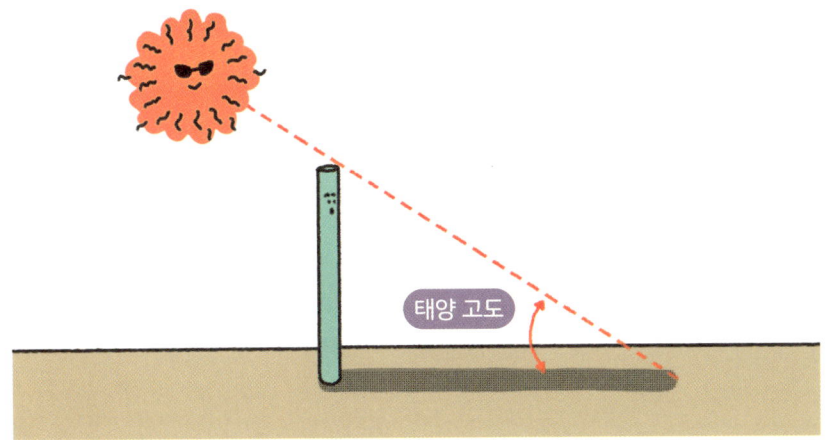

👆 한 문장 정리

태양이 지표면과 이루는 각을 태양 ㄱ ㄷ 라고 해요.

하루 동안의 태양 고도

하루 동안 태양 고도는 시간에 따라 달라져요. 아침에 태양이 떠오르기 시작할 때는 태양 고도가 낮고, 점심 때쯤 높게 떠오르지요. 그러다 저녁 무렵이 되면 해가 저물어 다시 태양 고도가 낮아집니다.

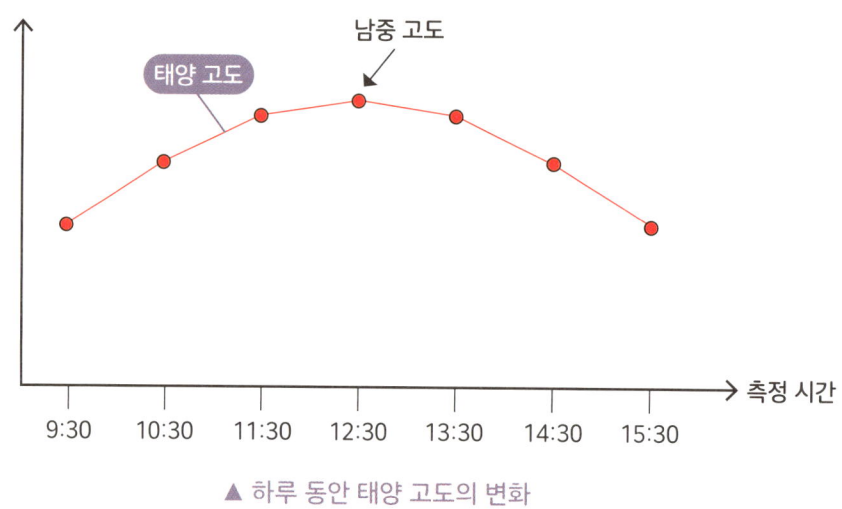

▲ 하루 동안 태양 고도의 변화

하루 중 태양의 고도가 가장 높을 때를 위의 그래프에서 찾아보세요. 12시 30분 정도에 태양은 가장 높게 떠올라요. 이때의 태양 고도를 '남중 고도'라고 합니다.

이렇게 하루 동안 달라지는 태양 고도 때문에 덩달아 달라지는 것들이 있어요. 먼저 태양 고도에 따라 그림자의 길이가 달라져요. 태양이 낮게 떠 있을 때는 그림자의 길이가 길어지고, 높게 떠 있을 때는 그림자가 짧아지지요.

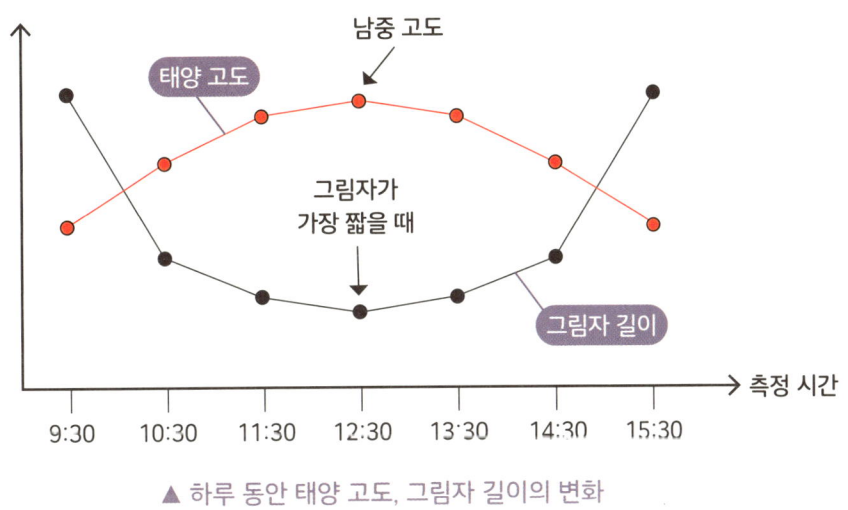

▲ 하루 동안 태양 고도, 그림자 길이의 변화

또 땅은 태양 고도가 높을 때 많이 데워질 수 있어요. 그렇기에 태양 고도가 높아진 후 땅이 서서히 데워지고, 데워진 땅 때문에 공기의 온도가 높아지며 기온도 서서히 오른답니다. 그래서 아침보다 낮에 기온이 더 높아지는 것이지요.

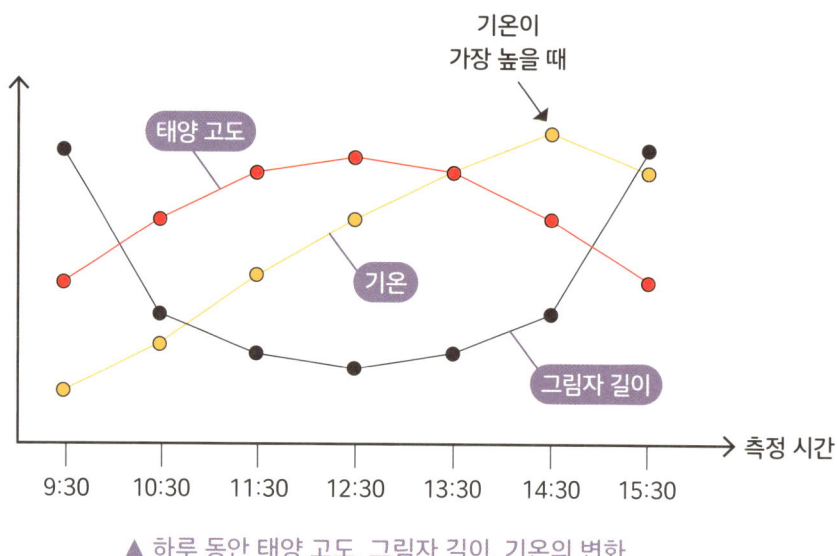

▲ 하루 동안 태양 고도, 그림자 길이, 기온의 변화

 한 문장 정리

하루 동안 태양 고도는 시간에 따라 달라지고, ㄱ ㄹ ㅈ 의 길이와 기온도 달라져요.

계절에 따른 태양 고도

같은 시간인데 어떤 날은 밝고 어떤 날은 깜깜해요. 그 이유는 무엇일까요? 이것은 바로 계절에 따라 하루의 태양 고도가 달라지기 때문이에요. 정확하게는 계절에 따라 태양의 남중 고도가 달라지기 때문이지요. 태양의 고도는 시시각각 달라지기 때문에 태양이 가장 높게 떠오르는 때인 태양의 남중 고도를 매일 측정하여 비교하면 다음과 같은 그래프를 얻을 수 있습니다.

그래프에서 확인할 수 있듯 태양의 남중 고도는 계절에 따라 달라져요. 태양의 남중 고도는 여름인 6월에 가장 높고 겨울인 12월에 가장 낮습니다. 그렇기 때문에 여름에는 태양이 빨리 떠서 늦게 지고, 겨울에는 태양이

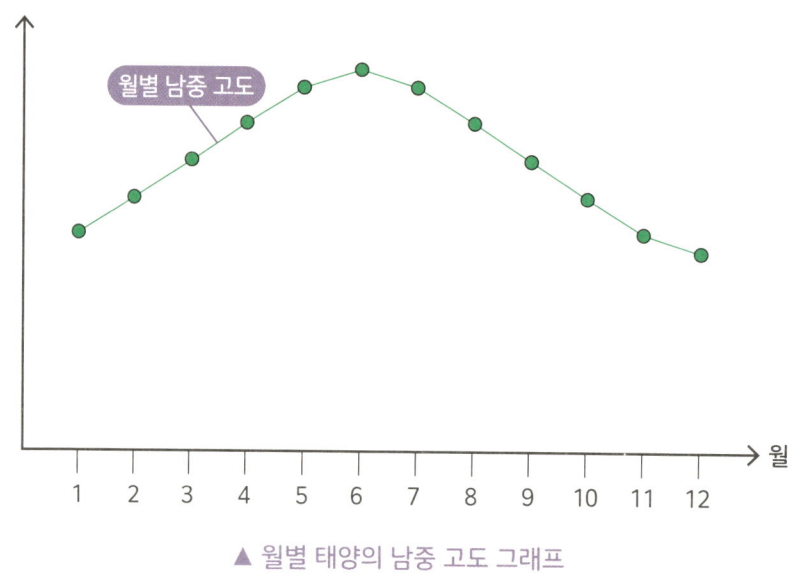

▲ 월별 태양의 남중 고도 그래프

늦게 떠서 빨리 지는 것처럼 보이지요. 계절별 낮의 길이를 그래프로 살펴보면서 더 자세히 알아보겠습니다.

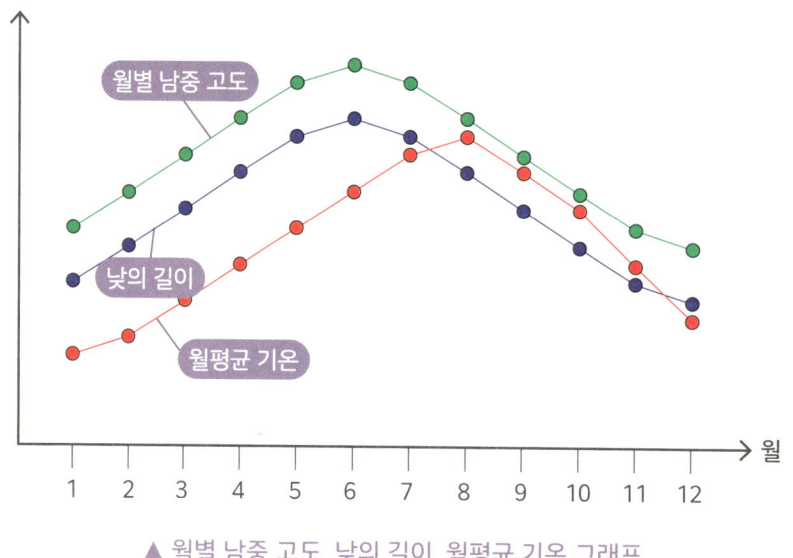

▲ 월별 남중 고도, 낮의 길이, 월평균 기온 그래프

낮의 길이는 해가 뜨는 시각인 일출 시간부터 해가 지는 시각인 일몰 시간까지를 뜻해요. 앞의 그래프를 살펴보면 낮의 길이는 태양의 남중 고도 길이 변화와 비슷하다는 것을 알 수 있습니다.

즉, 계절에 따라 태양의 남중 고도가 달라지고 낮의 길이 또한 달라진다는 것이지요. 태양이 높게, 오래 떠 있을수록 지구의 지표면은 더 잘 데워져요. 데워진 지표면에 의하여 공기 역시 데워져 기온이 따뜻하게 변합니다.

우리나라는 여름에 남중 고도가 높아.

또한 태양의 남중 고도가 높을 때는 태양이 적은 면적을 비추기 때문에 일정한 면적에 도달하는 태양 에너지의 양이 더 많아요. 반면에 태양의 남중 고도가 낮을 때는 태양이 넓은 면적을 비추기 때문에 일정한 면적에 도달하는 태양 에너지의 양이 더 적어지지요. 즉, 계절에 따라 태양의 남중 고도가 달라지기 때문에 기온도 함께 변화하는 것이랍니다.

한 문장 정리

계절에 따라 기온이 변화하는 이유는 계절에 따라 태양의  가 달라지기 때문이에요.

계절이 변하는 까닭

우리는 앞서 계절에 따라 태양의 남중 고도가 달라지기 때문에 계절별 낮의 길이가 달라지고, 기온도 변화한다는 것을 알게 되었어요. 그런데 계절에 따라 태양의 남중 고도가 달라지는 이유는 무엇일까요? 이제는 계절이 변하는 근본적인 이유에 대하여 알아볼 차례입니다.

하루 동안 이루어지는 태양과 달의 위치 변화를 통하여 여러분은 지구가 자전한다는 사실을 알고 있을 거예

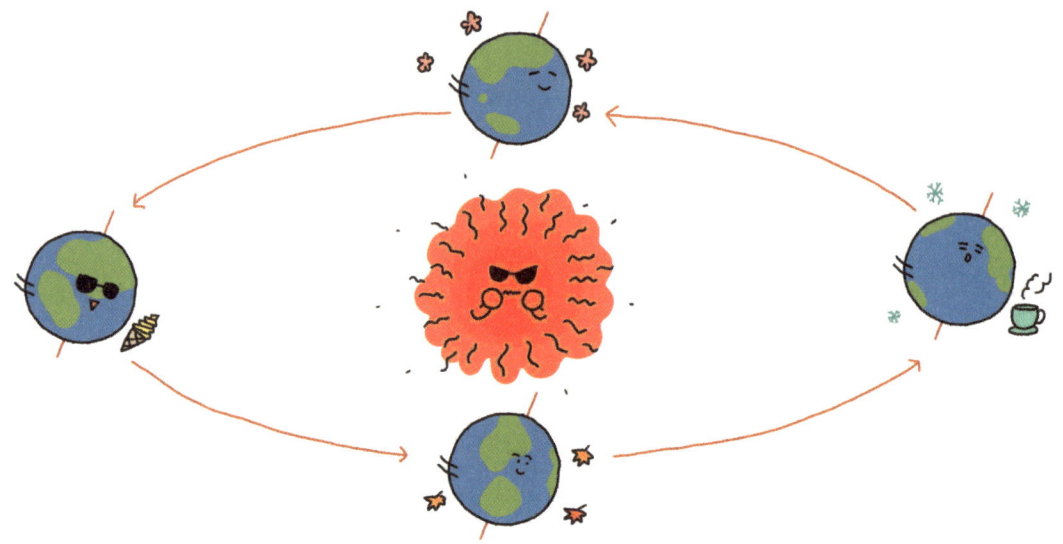

요. 그런데 지구가 자전만 한다면 낮과 밤만 바뀌고 계절은 변화하지 않을 거예요. 하루 동안 태양의 고도는 바뀌지만 남중 고도는 바뀌지 않을 테니까요.

지구는 자전하는 동시에 공전하고 있어요. 게다가 지구의 자전축은 23.5° 기울어져 있지요. 바로 이러한 이유로 태양의 남중 고도가 달라진답니다.

이 사실은 지구의와 전구를 이용한 실험으로 알아볼 수 있어요. 갓 없는 전등을 중심으로, 공전하는 지구의에 붙인 태양 고도 측정기를 통해서 태양의 남중 고도가 어떻게 달라지는지를 알 수 있습니다.

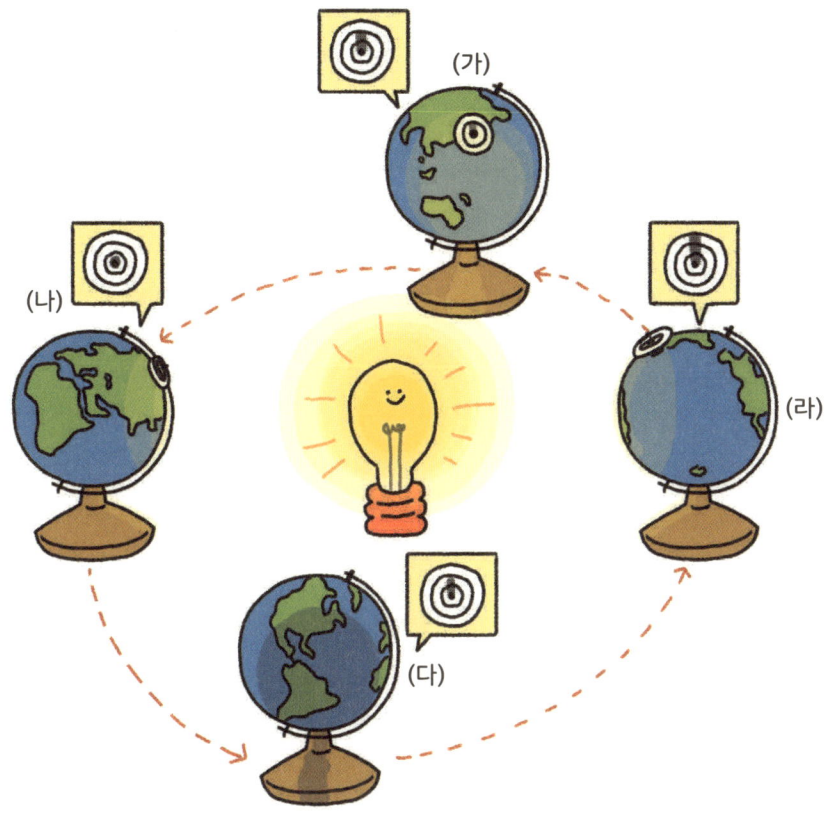

 이때 태양 고도 측정기의 그림자 길이를 살펴보면 (나) 위치에서 태양의 남중 고도가 가장 높고, (라) 위치에서 가장 낮다는 것을 알 수 있어요. 지구가 (나) 위치에 있을 때 우리나라는 여름이고, (라) 위치에 있을 때 겨울이 된답니다.

 만약 자전축이 기울어져 있지 않고 수직이라면 태양 고도 측정기의 그림자의 길이는 모두 같겠지요. 이로써 자전축이 기울어져 있지 않다면 태양의 남중 고도는 변하지 않는다는 것을 알 수 있어요.

그러므로 계절의 변화는 지구의 자전축이 기울어진 채 태양 주위를 공전해서 태양의 남중 고도가 달라지기 때문에 생기는 것이라고 정리할 수 있지요.

👉 **한 문장 정리**

지구의  **이 기울어진 채 태양 주위를 공전하기 때문에** ㄱ ㅈ **이 바뀌어요.**

위도에 따른 계절 변화

앞서 말했듯 우리나라는 사계절의 변화가 뚜렷한 나라 중 하나예요. 그렇지만 매일 여름 날씨만 지속되는 나라도 있고 매일 겨울 날씨만 지속되는 나라도 있지요. 이것은 모두 태양과 지구의 관계 때문에 나타나는 현상입니다.

사회 시간에 배운 위도를 떠올려 보세요. '위도'는 지구 위의 위치를 표시하기 위해 그어 놓은 가상의 가로선들을 의미해요. 위도는 한가운데의 적도를 0°, 남극과 북극을 90°로 생각하여 나누어 놓았습니다.

> 위도는 가로로 그은 가상의 선들이야.

적도와 가까운 지역에는 아프리카나 동남아시아 국가들이 포함되어 있어요. 그 나라들은 대체로 무더운 여름이 계속되는 나라이지요. 또 적도와 멀어지는 극지방일수록 추운 겨울이 계속되는 나라들이 분포해 있어요.

즉, 위도에 따라 계절의 변화가 생기는 것이지요. 지금부터 그 이유에 대해서 자세히 알아보겠습니다.

지구가 둥글다는 것은 모두 잘 알고 있지요? 이처럼 둥근 지구 때문에 같은 면적에 도달하는 태양 빛의 양이 달라져요.

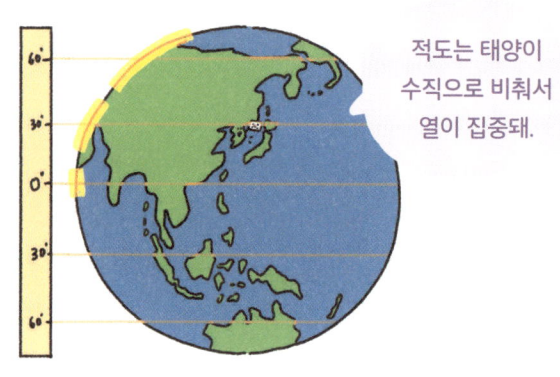

적도는 태양이 수직으로 비춰서 열이 집중돼.

적도 부근은 태양이 수직으로 비추기 때문에 좁은 지역에 많은 열이 집중되어 더 뜨거워요. 극지방으로 갈수록 태양이 비스듬하게 비추어 넓은 지역에 열이 분산되어 기온 차이가 나타나는 것이지요. 마치 태양의 남중 고도에 따라 계절별로 기온이 달라지는 것처럼요.

자전축이 기울어진 채 지구가 공전해도 적도 부근에는 일 년 동안 계속해서 많은 태양 에너지가 도달한다는 것을 알 수 있어요. 또한 극지방에는 일 년 내내 비교적 적은 양의 태양 에너지가 도달한다는 것을 알 수 있지요. 그러므로 이 두 지역은 일 년 동안 계절이 거의 비슷하게 나타나는 것이에요.

우리나라는 적도와 극지방 사이에 있는 중위도 지역에 속해요. 그래서 계절에 따라 받는 태양 에너지의 양 차이가 큽니다. 그렇기 때문에 중위도 지역에 있는 나라들은 비교적 뚜렷한 사계절을 겪는 것이랍니다.

> 한 문장 정리

 에 따라 일 년 동안 받는 태양 에너지의 양이 다르므로 지역마다 계절의 변화가 다르게 나타나요.

북반구와 남반구의 계절

▲ 12월의 대한민국　　▲ 12월의 호주

같은 12월인데 대한민국과 호주의 계절은 정반대군요. 왜 이런 현상이 일어나는 것일까요?

우리나라는 북반구에 있는 나라예요. 반면에 호주는 남반구에 있는 나라이지요. 이번에는 북반구와 남반구 그리고 그에 따른 계절에 대하여 함께 알아보겠습니다.

일단 북반구와 남반구에 관하여 살펴봅시다. '북반구'와 '남반구'는 말 그대로 지구의 북쪽과 지구의 남쪽을 뜻해요. 그렇기 때문에 지구의 위와 아래에 각각 위치하지요. 이 둘은 서로 반대에 자리 잡았기에 반대 현상을 보이는 경우가 많아요. 그중 가장 큰 차이가 바로 반대

북반구가 여름일 때 남반구에서 태양의 남중 고도가 낮아져.

로 나타나는 계절입니다.

북반구가 태양 에너지를 많이 받는 여름일 때 남반구는 태양 에너지를 적게 받아 겨울이에요. 그러므로 낮의 길이도, 기온도 반대가 된답니다.

그러므로 북반구에 있는 우리나라의 크리스마스가 하얀 눈을 기대하는 추운 겨울일 때, 남반구에 있는 호주의 크리스마스는 뜨거운 태양 아래에서 수영을 즐기는 여름이지요. 그 밖에 우리나라와 계절이 반대인 나라에는 뉴질랜드, 아르헨티나, 파라과이, 칠레 등이 있어요.

더불어 북반구와 남반구에서는 볼 수 있는 별자리도 다르고 달의 모습도 달라요. 북반구에서는 위치가 변하지 않는 길잡이 별이 북극성이지만, 남반구에서는 남십자성을 길잡이 별로 삼아요. 또 북반구에서 볼 수 있는 달의 무늬와 남반구에서 볼 수 있는 달의 무늬는 위아래가 반대인 모습이지요.

남반구의 나라로 여행을 떠나게 되면 하늘을 유심하게 살펴보는 것을 잊지 마세요. 지구와 우주의 신비로움이 한 발 더 가까이 다가올 거예요.

👉 한 문장 정리

북반구와 남반구는 지구의 위쪽과 아래쪽에 각각 위치하기 때문에 계절은  로 나타나요.

절기

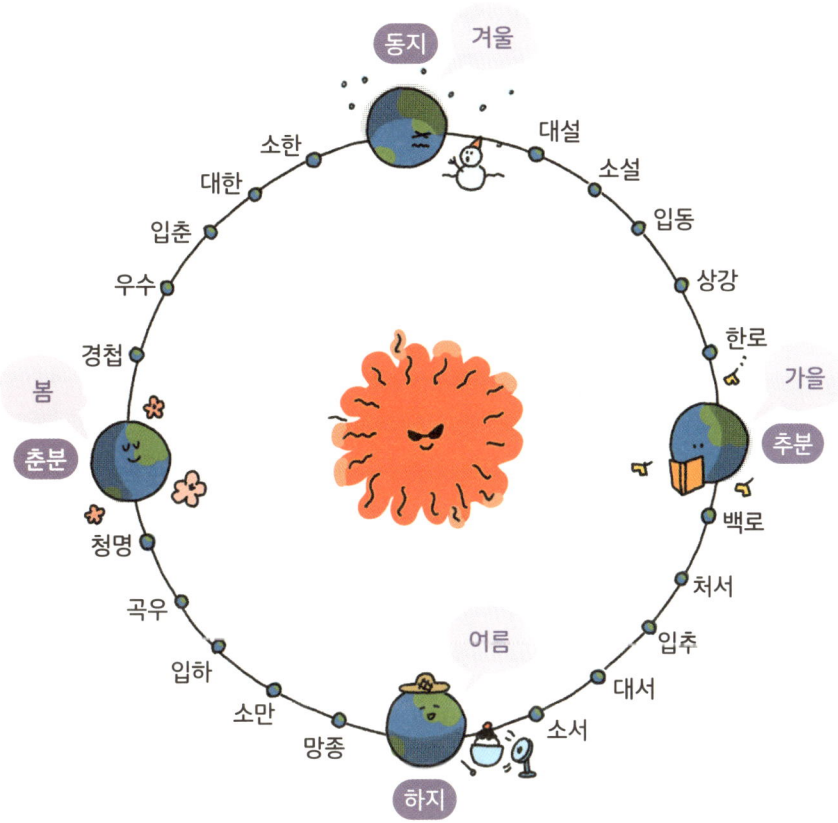

　'절기'는 계절의 변화와 기후의 특징에 따라 한 해를 스물넷으로 나눈 것을 말해요. 우리 조상들은 스물네 개의 절기를 정해 놓고, 농사를 짓거나 일 년을 생활하는 데 활용했어요. 옛사람들은 절기에 맞는 놀이를 하고 음식을 해서 나누어 먹기도 했어요. 이러한 풍습은 아직까지 우리 생활 속에 남아 있답니다.

오늘날에는 과학 기술이 매우 발달하여 하루의 날씨를 정확하게 예측할 수 있고, 월별 강수량이나 기온 등을 정확하게 파악할 수 있어요. 이것은 우리 생활을 매우 편리하게 해 주었지요.

과학 기술이 발달하기 전 우리 조상들은 해의 움직임을 파악하고 이것을 생활에 이용하고자 했어요. 농사를 잘 짓기 위해서는 일 년의 날씨 변화와 기후를 잘 알아야 했거든요. 옛사람들은 해의 움직임을 관찰하기 시작했어요. 그리고 그 해의 움직임에 따라 일 년을 스물넷으로 나눈 절기를 이용해 왔어요.

그래서 절기의 이름을 살펴보면 언제 밭을 갈아야 하는지, 곡식의 씨를 뿌려야 하는지, 어떤 식물과 동물의 변화가 있는지 등을 알 수 있어요.

달력을 자세히 살펴보세요. 음력 날짜와 함께 절기가 표시된 것을 볼 수 있을 거예요. 오늘과 가까운 절기를 찾아보고 그 뜻을 알아본 후 그날의 기상 상태를 예측해 봅시다. 아마 놀랍도록 비슷하게 맞아떨어진다는 것을

알 수 있을 것입니다. 이러한 것을 보면 옛사람들의 지혜가 얼마나 대단했는지 느끼게 될 거예요.

👆 한 문장 정리

계절의 변화와 기후의 특징에 따라 한 해를 스물넷으로 나눈 것을  라고 해요.

 튼튼

● 다음 글을 읽고, 물음에 답해 보세요.

우리 조상들, 태양 고도를 활용하다

조선 시대 세종 16년, 세종 대왕은 모든 백성들이 시각을 쉽게 알 수 있는 방법을 고민했어요. 그래서 당시의 과학자 장영실에게 태양 고도를 활용하여 해시계(앙부일구)를 만들게 했지요.

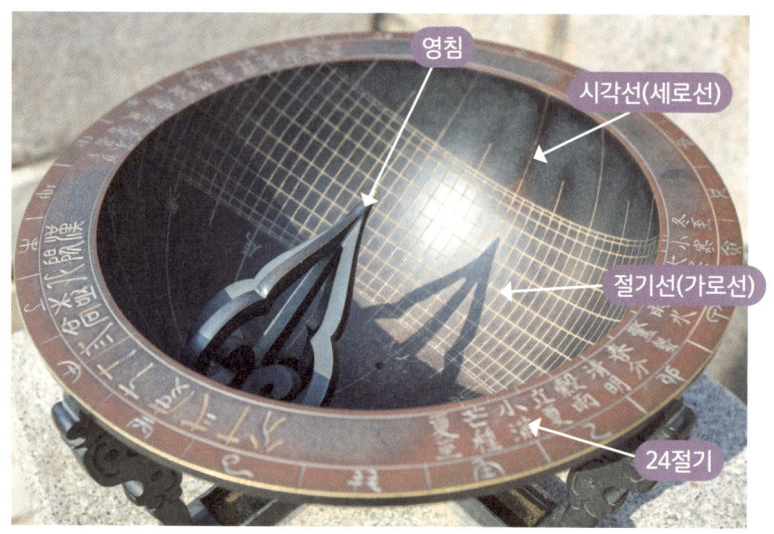

해시계는 솥뚜껑처럼 오목한 반구 안에 끝이 뾰족한 막대를 설치하고, 막대의 그림자가 가리키는 눈금으로 시각을 측정할 수 있는 도구예요. 이러한 막대를 영침이라고 하고, 그 둘레에는 시각을 가리키는 열두 개의 시각선이

그려져 있어요. 글을 모르는 백성들이 읽을 수 있도록 열두 자를 뜻하는 동물들을 그려 넣기도 했어요.

그런데 우리는 앞서, 계절에 따라 태양의 남중 고도가 달라진다는 것을 알았어요. 그렇다면 계절에 따라 시간별 그림자의 길이가 달라지는데, 어떻게 사계절 동안 정확한 시각을 측정할 수 있었을까요?

장영실은 여름에는 그림자가 짧아지고 겨울이면 길어진다는 사실을 알고 있었어요. 그래서 열두 개의 시각선에 직각이 되도록 열세 줄의 절기선을 동시에 그려 넣었지요. 이 절기선의 윗면 양쪽에는 24절기가 표시되어 있어요.

사실 우리나라뿐 아니라 다양한 나라에서도 해시계를 발명했어요. 하지만 우리나라의 앙부일구처럼 태양 고도와 그림자의 길이가 계절에 따라 달라지더라도 정확하게 시각을 측정할 수 있는 해시계는 없었다고 해요.

- 우리나라 해시계가 다른 나라보다 뛰어난 까닭을 찾아 써 보세요.

 **방구석 실험실**

태양 고도 측정기 만들기

나만의 태양 고도 측정기를 완성해 보세요. 그림자를 만들 수 있는 수직으로 세워진 막대와 각도기, 각을 측정할 수 있는 실 등이 있다면 나만의 특별한 태양 고도 측정기를 만들 수 있어요.

> **준비물**
> 수수깡, 우드록, 시침바늘, 실, 자, 가위, 각도기, 테이프, 유성펜, 온도계

● **실험 순서**

❶ 수수깡을 10cm 정도로 잘라 한쪽 끝에 테이프로 실을 붙여요.

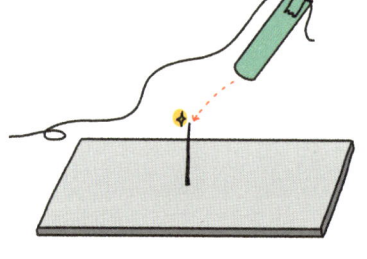

❷ 시침바늘을 우드록에 꽂고 그 위에 수수깡을 수직으로 고정해요.

❸ ❷에서 만든 우드록을 햇빛이 잘 비추는 평평한 곳에 놓아요.

❹ 수수깡 그림자의 길이를 판에 표시하고, 그림자 길이를 자로 재요.

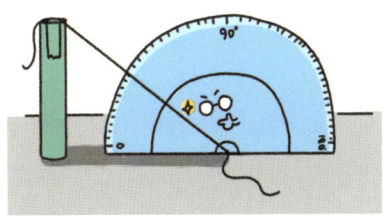

측정 시각 (시:분)	태양 고도 (°)	그림자 길이 (cm)	기온 (℃)
9:30	24	22.5	11.5
10:30	31	16.6	12.6
11:30	35	14.3	13.8
12:30	36	13.8	15.2

❺ 그림자의 끝과 실이 이루는 각을 재어 태양 고도를 측정해요.

❻ 하루 동안 한 시간 간격으로 태양 고도, 그림자 길이, 기온을 측정해요.

● 주의 사항

시침바늘에 찔리지 않도록 조심하세요. 각도기가 바닥에 밀착되지 않으면 각도를 제대로 잴 수가 없어요.

● 실험의 의의

태양 고도 측정기를 만들면서 태양 고도의 변화와 개념을 알 수 있어요.

3

연소와 소화

캠핑을 가면 다양한 즐길 거리가 있어요. 캠핑의 즐거움 중 하나인 '불멍'을 해본 적 있나요? 사람들은 일렁이는 모닥불을 보면서 편안함과 따뜻함을 느껴요. 그런데 이런 모닥불은 어떤 과학적인 원리로 피울 수 있는지 알아볼까요?

연소

불이 없었다면 현재에도 날달걀을 먹어야 했을 거야.

우리는 생활 속에서 불을 굉장히 많이 사용합니다. 부엌에서 요리할 때 사용하는 가스레인지 불, 생일 케이크에 꽂는 촛불처럼 말이에요. 또 캠핑하러 가서 불을 피워 불멍을 즐기기도 하고, 학교 과학실에서도 알코올램프나 점화기 등을 통해서 불을 피우지요. 이렇게 불은 우리에게 꼭 필요한 것 중의 하나입니다.

불이 없다면 우리 생활은 정말 불편할 거예요. 먼 옛날 인류는 불이 없어 어두운 밤에 길을 잃거나 야생 동물들

로부터 습격당하기도 했대요. 또 추운 겨울을 나기가 굉장히 힘들었다고 전해집니다. 불을 발견하고 이용하기 전까지 인간들은 다른 동물과 마찬가지로 여러 식물과 동물들을 날것 그대로 먹을 수밖에 없었어요. 지금으로서는 잘 상상이 가지 않는 이야기지요?

불은 아주 우연한 기회에 발견되었다고 과학자들은 이야기해요. 벼락이 내리친 나무에 붙은 불을 발견하고 이용하기 시작했다는 것이 가장 유력한 추측 중 하나입니다. 그 후 인간들이 스스로 불을 피울 수 있게 됨으로써 인류의 생활에 커다란 변화가 생기기 시작했습니다.

예능 프로그램이나 유튜브에서 부싯돌로 불을 피우는 모습을 본 적이 있을 거예요. 지푸라기 같은 풀이나 잘 마른 나무에 대고 부싯돌을 부딪치다 보면 연기가 피어오르면서 작은 불씨가 생기고, 이때 장작을 더 넣어 주면 큰불이 되지요. 이렇게 불꽃이 생겨나 불이 붙는 현상을 '연소'라고 불러요.

더 정확하게 이야기하자면, '연소'는 어떤 물질이 산소와 만나면서 굉장히 많은 빛과 높은 열을 내는 현상을 뜻합니다. 연소가 발생하기 위해서는 반드시 세 가지 조건

인 탈 물질, 산소, 발화점 이상의 온도가 필요합니다.

먼 옛날, 사람들은 아마 수차례 시행착오를 거쳐 이 세 가지 조건을 만족하게 할 방법을 찾아냈을 것입니다. 그리고 세월이 지나 과학이 점점 더 발달하면서 우리는 불을 자유자재로 실생활에 활용하게 된 것이지요. 새삼스레 불을 발견하고 불을 피울 방법을 찾아낸 옛사람들에게 고마운 마음이 드네요. 추위에 대비하고 긴긴밤과 야생 동물로부터의 위험 속에서 구해준 것뿐 아니라, 날음식을 소화하기 좋고 맛있게 익혀 먹을 수 있게 해 주었으니까요.

 한 문장 정리

ㅇ ㅅ 는 어떤 물질이 산소와 만나면서 많은 빛과 높은 열을 내는 현상이에요.

탈 물질

　성냥, 알코올램프, 가스레인지. 이 세 가지는 모두 우리 근처에서 불을 관찰할 수 있는 것들입니다. 이 세 가지 다 연소가 발생하는 기구이지요. 그렇지만 이 셋은 '탈 물질'이 다 다르답니다.

　연소에 필요한 세 가지 조건 중에서 '탈 물질'은 말 그대로 불이 붙을 수 있는 물질을 뜻해요. 그렇기에 사실 어떤 물질이든지 그 자리에 있기만 하다면 연소가 발생할 수 있지요. 불이 안 날 것 같은 물질일지라도 조건만 갖춰진다면, 즉 어떤 물질이든 산소와 발화점 이상의 온도와 만난다면 불이 붙일 수 있다는 뜻입니다. 그렇지만 물질의 성질에 따라 연소가 발생하기 쉬운 것도 있고 어

▲ 고체 탈 물질

▲ 액체 탈 물질

▲ 기체 탈 물질

기체 탈 물질은 눈에 잘 보이지 않아.

려운 것도 있어요.

　성냥과 알코올램프, 가스레인지는 탈 물질이 각각 달라요. 성냥은 끝에 달린 '인'이라는 고체 물질이 탈 물질이고, 알코올램프는 '알코올'이라는 액체 물질, 가스레인지는 'LNG'나 'LPG'라는 기체 물질이 탈 물질이 됩니다. 이처럼 탈 물질은 고체, 액체, 기체 상태에 모두 존재합니다.

👆 **한 문장 정리**

 은 불이 붙을 수 있는 물질을 뜻해요.

산소

"불난 집에 부채질한다."라는 속담이 있어요. 불에 부채질을 하면 불이 꺼지는 것이 아니라 오히려 불길이 더 거세지는 것을 화를 돋우는 것에 비유하여 나온 이야기이지요. 불에 부채질을 하면 왜 활활 잘 타오르는지 다음 내용을 읽어 보며 생각해 봅시다.

앞서 연소는 어떤 물질이 산소와 만나며 열과 빛을 내는 현상이라고 이야기했습니다. 그만큼 연소에는 산소가 꼭 필요합니다. 부채질을 하면 산소가 더 많이 공급되어 불길이 거세지는 것이지요.

산소가 부족하면 불이 꺼져.

양초 위에 컵을 덮어 시간이 지나기를 기다리면, 불꽃이 서서히 작아지다가 이내 꺼져 버리는 모습을 본 적이 있을 거예요. 컵 안에 산소가 남아 있을 때는 불이 켜져 있지만, 연소하며 그 산소를 계속 사용하다 보면 결국 산소가 바닥나 연소도 자연스레 멈추는 것이지요.

한 문장 정리

연소하기 위해서는  가 반드시 필요해요.

발화점

무더운 여름날의 이야기입니다. 한 사람이 자동차를 뙤약볕 아래 세워 두고 잠깐 일을 하러 갔어요. 태양은 뜨겁고 바람조차 불지 않아 길이 지글지글 녹을 것만 같은 날씨였어요. 한참 후 돌아온 자동차의 주인은 깜짝 놀랐습니다.

"아니, 내 차가 왜 불타고 있는 거야!!"

그런데 놀랍게도 불을 지른 범인은 자신이 차 안에 두고 내린 라이터였어요. 라이터가 너무나도 뜨거운 날씨 탓에 스스로 연소한 것이지요. 잠깐, 라이터가 스스로 연소하다니요?

앞에서 연소의 세 가지 조건은 바로 탈 물질, 산소, 그리고 발화점 이상의 온도라고 했어요. 자, 여기에서 자동차 화재 사건의 실

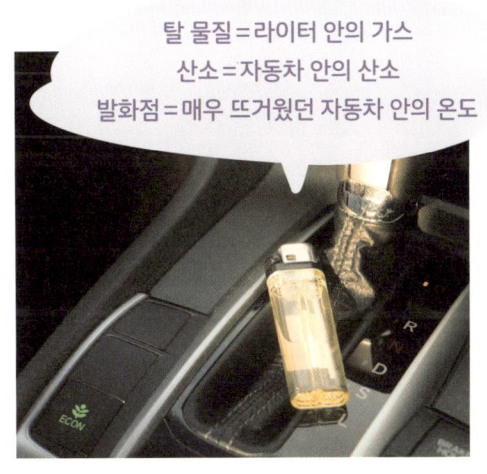

탈 물질 = 라이터 안의 가스
산소 = 자동차 안의 산소
발화점 = 매우 뜨거웠던 자동차 안의 온도

마리를 찾을 수 있겠군요.

　라이터 안의 가스는 다른 물질보다 비교적 쉽게 연소할 수 있는 물질이에요. 또 차 안에는 산소가 충분했지요. 그렇기에 발화점 이상의 온도라는 조건만 갖추어진다면 바로 연소가 가능한 상황이지요. 이때 뜨겁게 내리쬐는 햇볕 때문에 자동차 안의 온도가 계속해서 높아졌고 라이터 속 가스가 발화점에 도달하자 따로 불을 붙이지 않아도 스스로 연소하기 시작한 것입니다. '발화점'은 물질이 산소 속에서 연소하기 시작하는 가장 낮은 온도를 뜻해요. 어떤 물질이 연소하기 위해서는 이러한 발화점까지 열을 가해야 해요.

마찰할 때 열이 발생해. 손이 시려울 때 손을 비비는 것도 그런 이유야.

　성냥의 머리 부분에 알록달록한 색깔로 묻어 있는 물질은 인입니다. 성냥에 불을 붙이기 위해서 우리는 까칠까칠한 사포 부분에 성냥의 머리 부분을 대고 빠른 속도로 긁어요. 이렇게 함으로써 인과 사포의 마찰로 열이 발생하고, 이 열로 인하여 발화점 이상의 온도에 도달하면 성냥에 불이 붙는 것이지요.

발화점은 물질마다 다릅니다. 그리고 같은 물질이라도 주변 산소의 양과 물질이 받는 압력, 물질의 부피 등에 따라 달라지지요. 발화점이 비교적 낮은 물질은 연소가 발생하기 쉽습니다. 그래서 우리는 발화점이 낮은 물질을 이용하여 쉽고 빠르게 불을 피울 수 있어요. 그러므로 발화점이 낮은 인 성분을 활용하여 성냥을 만든 것이지요. 인이 묻어 있지 않은 나무에 사포를 긁어서 불을 붙이기는 정말 정말 어려울 테니까요.

👉 **한 문장 정리**

 은 물질이 산소 속에서 연소하기 시작하는 가장 낮은 온도를 뜻해요.

연소 후 발생하는 물질

양초에 불을 붙이고 시간이 지난 후에 나타나는 변화에는 여러 가지가 있습니다. 양초가 연소하기 시작하면 많은 빛과 높은 열이 발생합니다. 그리고 양초가 녹아 촛농이 생기고 시간이 지날수록 양초의 길이가 짧아집니다. 또 무게도 변화하는데요. 저울로 양초를 재어 보면 무게가 줄어든 것도 알 수 있지요.

양초에 불을 붙이고 시간이 흐르면 많은 변화가 일어나.

물질이 연소할 때는 이처럼 다양한 변화가 일어납니다. 또한 타고 난 물질은 타기 전과는 전혀 다른 물질이 되지요.

모닥불이 꺼지고 난 후에 재와 숯으로 변해 버린 나무들을 본 경험이 있을 거예요. 또 불이 켜진 초를 입으로 불어 꺼뜨린 후 하얗게 피어나는 연기와 새카맣게 변해 버린 심지를 본 적도 있을 것입니다.

새카맣게 변해 버린 숯이나 심지를 원래대로 되돌리는 것이 불가능한 것을 보면, 물질이 연소하고 난 후에는 전혀 다른 물질로 변한다는 것을 쉽게 이해할 수 있겠지요.

이렇게 물질이 어떠한 이유로 성질이 변해 전혀 다른 새로운 물질이 되는 것을 '화학적 변화'라고 해요. 연소도 이러한 물질의 화학적 변화에 속하지요. 연소를 통하여 반드시 생기는 두 가지 물질이 있어요. 바로 물과 이산화탄소입니다.

불이 켜진 초를 컵 안에 두고 연소하고 난 후에는 컵 안쪽에 물기가 생겨 뿌옇게 흐려지는 것을 관찰할 수 있어요. 그리고 이 컵을 공기가 들어가지 않게 막은 후 석회수를 넣어 흔들면 뿌옇게 흐려지는데, 이를 통해 이산화탄소가 발생했음을 알 수 있습니다.

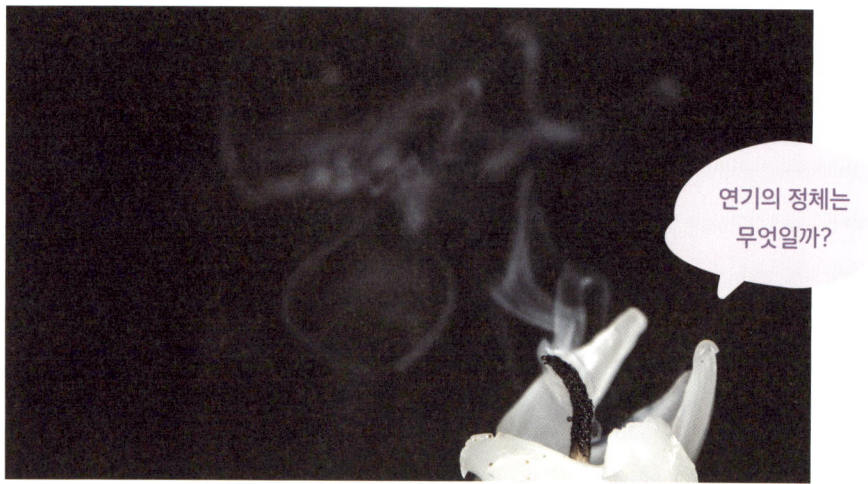

연기의 정체는 무엇일까?

위 사진을 보면 연소 후 발생하는 연기가 보일 거예요. 사실 이산화탄소는 색깔이 없어 우리 눈에 보이지 않아요. 하지만 연소한 후 발생하는 이산화탄소와 물(수증기)이 만나면 하얀 연기로 보인답니다.

👉 **한 문장 정리**

물질이 연소한 후에는 물과 ㅇ ㅅ ㅎ ㅌ ㅅ **가 발생해요.**

완전 연소와 불완전 연소

시커먼 연기의 정체는 무엇일까?

화재 현장을 생각하면 커다란 불도 떠오르겠지만 하늘로 폭발하듯 피어나는 짙고 검은 연기도 함께 떠오를 거예요. 이러한 연기에는 어떤 성분이 들어 있을까요?

연소 과정에 산소가 필요하다는 것은 앞서 살펴보아 잘 알 거예요. 이때 산소가 충분하게 주어지고 적절한 온도로 유지되는 등 특별한 조건이 갖추어지면 완전 연소가 일어나요. '완전 연소'란 산소의 공급이 충분한 상태에서 물질이 완전히 타는 것을 말해요. 완전 연소 중에 피어나는 연기에서는 이산화탄소와 수증기만 발생하고 다른 물질은 생겨나지 않아요. 하지만 완전 연소는 실제로 일어나기가 매우 어렵답니다.

물질이 연소하면서 산소가 부족하거나 특정한 조건이 갖추어지지 않으면 불완전 연소가 일어나요. '불완전 연소'란 산소의 공급이 충분하지 않은 상태에서 물질이 타는 것을 말해요. 불완전 연소가 진행되는 중에는 이산화탄소와 물뿐만 아니라 일산화탄소와 그을음도 함께 발생하지요. 이 중 그을음 때문에 연기가 짙은 회색이나 검은색으로 보이는 것이랍니다.

이 과정에서 생기는 일산화탄소는 매우 위험한 물질이에요. 조금만 마셔도 어지러울 뿐만 아니라 많은 양을 마시면 질식할 수 있기 때문이에요. 어떤 연소에서든지 불완전 연소가 일어날 수 있으니, 불을 붙이고 난 뒤에 나오는 연기를 함부로 마시지 않도록 주의해야 해요.

👆 **한 문장 정리**

ㅇㅈ 연소에서 발생하는 연기에는 이산화탄소와 수증기만 있지만, ㅂㅇㅈ 연소에서는 이와 더불어 일산화탄소와 그을음 등이 함께 발생해요.

화재

불은 인류에게 많은 변화를 가져다주었으며 앞으로도 계속 우리에게 도움을 줄 고마운 존재입니다. 지금도 매일매일 우리는 불을 사용하며 편리하게 생활하고 있지요.

그런데 불은 늘 우리를 위협하는 존재이기도 해요. 지금 이 순간에도 불로 인한 화재로 많은 사람들이 다치거나 목숨을 잃기도 합니다.

'화재'는 불로 발생하는 재앙이나 재난을 뜻해요. 집이

화재는 사람뿐만 아니라 동물에게도 무서운 재난이야.

나 학교 등 건물에 불이 나거나 산이나 들판 등 자연에 불이 나는 경우 모두를 뜻하지요. 하루에도 화재와 관련된 여러 뉴스를 볼 수 있어요.

　이렇게 화재가 일어나면 우리의 터전이나 자연이 파괴돼요. 그뿐만 아니라 불타는 과정에서 많은 양의 일산화탄소와 그을음, 재, 매캐한 냄새 등이 발생하지요. 그로 인해 사람이나 동물이 다치고 죽기도 하며, 나무 같은 식물이 타 버리는 등 다양한 피해가 발생해요. 그러니 우리는 불을 다룰 때 화재를 일으키지 않도록 늘 주의하며 생활해야 합니다.

👆 **한 문장 정리**

 는 불로 발생하는 재앙이나 재난을 뜻해요.

가연 재료와 불연재

실제 화재가 일어날 때, 뜨거운 물체나 불 때문에 화상을 당하여 피해를 입기도 하고 일산화탄소에 의한 질식으로 피해를 입는 경우도 있어요. 그런데 유독가스 등에 의한 질식으로 생명을 잃는 경우가 가장 많다고 해요. 그러므로 화재 상황에서 대피할 때는 자세를 낮추고 연기를 마시지 않도록 입과 코를 옷이나 젖은 수건으로 막아야 합니다. 이 점이 매우 중요해요.

'가연 재료'는 불에 잘 타는 성질의 재료를 의미해요. 과거에는 나무나 천, 스티로폼 등으로 이루어진 지하철 좌석들 때문에 지하철에서 화재가 발생하면 바로 큰불로 이어질 수밖에 없었습니다.

반면 '불연재'는 불에 타지 않는 성질의 재료를 말해요. 철이나 콘크리트, 알루미늄 등이 대표적인 불연재에 속하지요. 현재 지하철 좌석은 불연재를 사용하여 만들기 때문에 화재가 발생해도 불이 크게 번지지 않고 유독 가스도 덜 발생하여 훨씬 안전하답니다.

이렇게 우리는 생활 곳곳에 불연재를 사용함으로써 화재로 인한 피해를 줄이고 그 위험에서 벗어나고자 노력하고 있습니다.

▲ 과거 지하철 좌석

▲ 현재 지하철 좌석

 한 문장 정리

ㄱㅇ 재료는 불에 잘 타는 성질의 재료이고, ㅂㅇㅈ 는 불에 타지 않는 성질의 재료예요.

소화

'소화'라는 단어를 어떤 상황에 사용하는지 떠올려볼까요? 음식을 먹고 잘게 쪼개서 영양분을 흡수하는 것, 불을 끄는 것. 이 두 가지 상황이 가장 먼저 떠오를 거예요. 일상생활에서 자주 사용하는 말이니까요. 앞서 배운 '연소'와 관련지어 볼 때, 이번 시간에 배우는 '소화'는 어떤 뜻에 가까울까요? 맞아요. '소화'는 불을 끈다는 뜻으로, 연소 중인 상태를 중단시킨다는 뜻을 지니고 있어요.

연소의 조건 세 가지를 기억하지요? 바로 탈 물질, 산소 그리고 발화점 이상의 온도였지요. 이 세 가지 조건 중 한 가지 이상이 제거되면 연소 반응이 사라지는 소화가 이루어지지요. 세 가지 조건 각각을 제거하여 소화하

첫 번째, 탈 물질을 없애라!
탈 물질을 없애려면
어떻게 해야 할까요?

는 방법을 차근차근 설명해 보겠습니다.

우리가 모닥불을 피울 때 사용하는 탈 물질은 바로 장작입니다. 이때 장작을 더 넣지 않는다면 탈 물질이 없어지기 때문에 연소는 중단되지요.

두 번째, 산소 공급을 막아라!
산소 공급을 중단하려면 어떻게 해야 할까요?

알코올램프의 뚜껑을 닫아 놓으면 알코올램프 뚜껑 안의 산소가 연소하면 할수록 점점 줄어들어요. 그러다가 산소가 바닥나면 소화가 되지요. 이 외에도 불을 이불이나 모래로 덮거나, 소화기를 이용하는 방법도 산소 공급을 차단하여 소화하는 원리랍니다.

소방차가 차가운 물을 불이 난 곳에 뿌리면 빠르게 발화점 이하의 온도로 낮출 수 있어 소화할 수 있어요. 동시에 물은 산소 공급을 막기 때문에 효과적인 소화 방법의 하나이지요. 하지만 모든 소화에서 물을 사용할 수

세 번째, 온도를 낮춰라! 발화점 이하의 온도로 낮추기 위해서는 어떻게 해야 할까요?

있는 것은 아닙니다. 전기로 인한 화재나 기름에 불이 붙었을 때는 물을 뿌리면 더욱 위험한 상황이 될 수 있으니 특히 조심해야 해요. 그리고 화학 약품을 사용하는 과학 실험 중에 화재가 발생하면 반드시 물 대신 방염포나 소화기, 모래를 이용하여 불을 꺼야 안전하답니다. 단순히 불이 꺼지는 것이 아닌 숨겨진 과학 원리가 있다는 것, 잊지 마세요.

👍 **한 문장 정리**

 는 연소 중인 상태를 중단시키는 것을 의미해요.

문해력 튼튼

● 다음 글을 읽고, 물음에 답해 보세요.

우리나라 최초의 소방관서, '금화도감'

1426년 조선 전기 때 한양에서 많은 집들이 불에 타 없어지는 큰 화재가 발생했다. 당시 나무나 짚으로 만든 집들이 대부분이라 순식간에 불이 크게 번졌다. 집들이 서로 가까이 붙어 있어 한 집에 불이 나면 온 동네를 태우기 일쑤였다. 이 화재를 계기로 세종은 도성 안에 '금화도감'을 설치하였는데, 이것이 우리나라 최초의 소방관서이다.

금화도감은 화재 예방 교육을 주로 했다. 울타리나 담을 불에 잘 타지 않는 나무로 짓게 하여 불이 이웃집으로 번지는 것을 막도록 했다. 또한 주택과 도로 등을 정비하였고, 적당한 거리마다 우물을 팠으며, 다섯 집마다 물독을 하나씩 설치해 불을 끌 대책을 마련했다. 그리고 화재로 피해를 입은 백성들에게는 곡식과 살림살이를 내주었다.

금화도감에는 오늘날 소방관 역할을 수행하는 '금화군'이 있었다. 금화군은 소화 작업에 임했고 물을 긷고 나르는 등의 업무를 하였다. 그리고 1457년에는 금화군을 '멸화군'이라는 이름으로 바꾸어 전문화된 소방대원의 모습을 갖추기 시작했다.

옛날에도 불에 대한 두려움은 컸다. 불은 바람을 타고 도로 하나를 뛰어넘기도 했다. 그래서 불이 궁궐에 옮겨 붙는 것을 막고자 궁궐에서 100m 정도 떨어진 곳에 집을 짓게 했다. 시간이 지나면서 초가지붕에서 기와지붕으로 바뀐 이유도 화재 예방을 위해서였다. 궁궐의 입구에서 흔히 볼 수 있는 해치도 화재 예방과 연관이 있다. 해치는 화재와 재앙을 막고 시비와 선악을 판단하는 전설 속 동물이다. 우리 조상들은 새해가 되면 동물 그림을 그려 집 안 구석구석에 붙여 액운을 쫓았는데, 해치 그림은 부엌에서 발생하는 불을 막는 의미로 쓰였다고 한다.

화재와 같은 재앙을 막는다는 의미로, 궁궐 앞에 해치 동상을 세웠어.

● '금화도감'이 어떤 일을 했는지 찾아 써 보세요.

 **방구석 실험실**

간이 소화기 만들기

집에서 쉽게 구할 수 있는 재료로 소화기를 만들 수 있어요. 간이 소화기가 어떤 원리로 불을 끄는지 실험을 통해 알아봅시다.

> **준비물**
> 식초, 베이킹소다(탄산수소나트륨), 유리병, 깔때기, 물, 고무찰흙, 셀로판테이프, 실, 화선지 등

● 실험 순서

❶ 유리병에 식초를 2분의 1 정도 넣어요.

❷ 화선지에 베이킹소다를 넣고 실로 묶어요.

❸ 묶은 화선지를 유리병에 넣고, 식초에 닿지 않도록 주의해요.

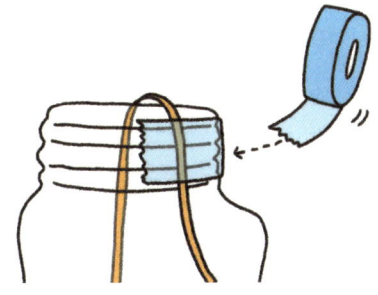

❹ 테이프로 실을 유리병 입구에 고정시켜요.

❺ 빨대를 병에 넣고 병 입구를 고무찰흙으로 단단히 막아요.

❻ 병을 기울여 화선지와 식초가 만나면 빨대로 소화기가 발사돼요.

● **주의 사항**

간이 소화기이므로 실제 화재가 났을 때는 절대로 사용하면 안 돼요.

● **실험의 의의**

소화기가 연소의 조건 중 무엇을 제거하는지 알 수 있어요.

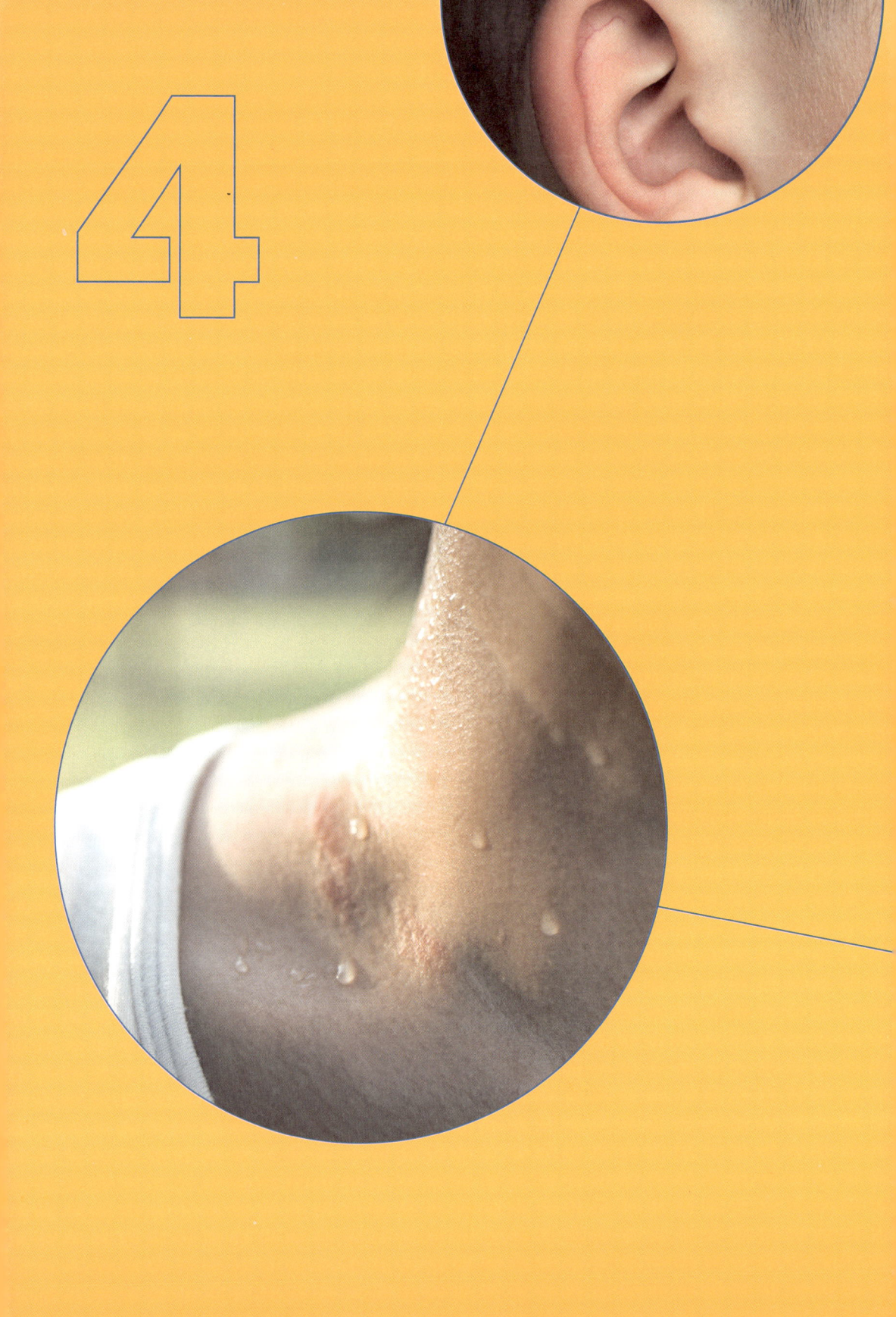

우리 몸의 구조와 기능

적어도 한 번씩은 병원에 가본 적이 있을 거예요.
어디가 아픈지에 따라 가야하는 병원의 종류가 다양해요.
우리의 '몸'에는 다양한 기관들이 있기 때문이에요.
우리 몸을 구성하는 다양한 기관들에 대해 함께 알아볼까요?

몸

"건강하세요!" 우리가 주로 건네는 인사말입니다. 건강은 몸과 마음이 튼튼한 것을 의미하지요. 우리 몸에는 다양한 기관이 있는데, 이 기관들은 각각 해야 할 일을 끊임없이 해내며 우리가 건강하게 살 수 있도록 도와주고 있습니다.

'기관'의 사전적 의미를 살펴볼까요? 일정한 모양과 생리 기능을 가진 생물체의 부분이라는 뜻인데요. 이걸 조금

건강한 몸을 위해서 우리는 몸을 움직여가며 운동을 해.

쉽게 표현하자면 우리가 살아가는 데 필요한 일을 하는 몸속의 일꾼들이라고 할 수 있어요. 우리 몸에는 다양한 기관들이 존재합니다.

우리를 걷고 움직일 수 있게 하는 기관도 있고, 숨을 쉬거나 밥을 먹고 소화할 수 있게 하는 기관도 있어요. 이 외에도 많은 기관이 있는데, 이렇게 기관들이 다양한 만큼 병원에도 여러 과가 존재하는 거랍니다. 우리 몸속의 기관들은 지금 이 책을 읽고 있는 순간에도 쉬지 않고 열심히 활동하고 있어요.

물론, 이 '몸'이라는 것이 사람에게만 있는 것은 아니랍니다. 동물들도 몸이라고 불리는 부분이 존재하고, 사람들 것과 비슷한 역할을 하는 여러 가지 '기관'을 가지고

> 우리는 '몸'이 아프면 증상에 따라 적절한 과를 선택해서 병원에 가.

층별안내
Floor Information

7	정신건강의학과 · 국제진료센터 예배실	대회의실 · 교수회의실 · 소회의실 · VIP실 보험심사팀 · 의무기록팀 · 적정진료관리실 · 전산정보팀 연결 통로 - 71병동 · 72병동
6	비뇨기과 · 이비인후과 성형외과 · 안과 · 피부과 · 흉부외과 연결 통로 - 내과중환자실 · 신경외과중환자실 · 61병동
5	당뇨병센터 · 내분비대사내과 · 신장내과 암센터 · 혈액종양내과 · 외과 · 감염내과 · 주사실 연결 통로 - 51 · 52 · 53병동 · 인공신장실 · 옥상정원
3	호흡기센터 · 신경통증클리닉 척추센터 · 신경과 · 신경외과 · 재활의학과 · 정형외과 연결 통로 - 수술실 · 외과중환자실 · 병리과
2	산부인과 · 가정의학과 · 류마티스내과 · 외래주사실 소아청소년과 · 심전도실 · 외래채혈실 연결 통로 - 22병동 · 외상센터(26병동) · 27병동
1	외래원무팀 · 입원원무팀 · 고객만족센터 · 외래약국 의무기록 사본 발급 · 영상(CD)등록복사 · 카페

111

있어요. 그렇기에 우리 몸을 제대로 알고 기관들을 정확히 공부하면, 다른 동물을 공부하는 데도 도움이 될 거예요. 또 내 몸의 건강을 지키는 데도 큰 도움이 될 것입니다. 지금부터 우리 몸에 있는 다양한 기관들을 하나씩 알아보도록 합시다.

👆 **한 문장 정리**

우리 몸속에 있는  **은 일정한 모양과 생리 기능을 가진 생물체의 부분을 뜻해요.**

운동 기관

우리 몸이 움직이는 것을 도와주는 기관을 '운동 기관'이라고 합니다. 운동 기관에는 뼈와 근육이 있습니다. 수많은 종류의 뼈와 근육은 자신의 자리에서 필요한 때에 알맞게 움직여서 우리가 원하는 움직임을 할 수 있도록 해 준답니다. 팔을 구부리고 펴는 큰 동작부터 젓가락을 이용하여 콩을 집는 작은 동작까지 운동 기관이 없이는 불가능한 것이지요.

뼈와 근육은 정말로 종류가 많습니다. 특히 뼈는 위치와 역할에 따라서 모양도 제각각 다르답니다. 우리 몸을 지지하고 장기를 보호하는 역할을 하기 때문이지요. 머리뼈는 우리 뇌를 보호하기 위해서 둥근 바가지 모양을 하고 다른 모든 뼈보다 단단하답니다. 갈비뼈는 가슴에 있는 뼈이다 보니 휘어진 모양으로 안에 있는 다른 기관들을 감싸고 보호하는 역할을 하지요.

근육도 생김새와 특징이 다양하답니다. 팔에 있는 근육과 다리에 있는 근육은 모습도 다르지만 무게나 크기도 다릅니다. 그리고 근육은 사람마다 모양이 달라서 나의 근육과 다른 친구의 근육은 다르다고 해요.

근육은 뼈와 연결되어 있는데 이 연결되는 부분이 늘어나거나 줄어들면서 뼈를 움직이게 하지요. 이러한 연결 때문에 우리 몸은 자유롭게 움직일 수 있습니다.

뼈와 근육 둘 중에 하나만 있다면 우리 몸은 움직일 수 없습니다. 뼈나 근육을 다치면 서로 연결되지 않아서 몸을 움직이기 힘들고 아픈 것이랍니다. 그러니 무엇보다 운동 기관이 다치지 않도록, 조심히 운동하는 습관을 들이는 게 좋아요.

뼈와 근육은 우리 몸 곳곳에서 우리를 움직이게 해.

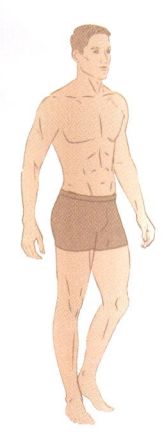
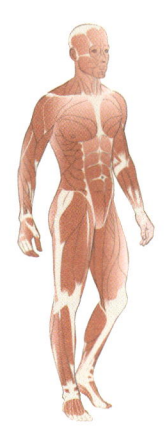
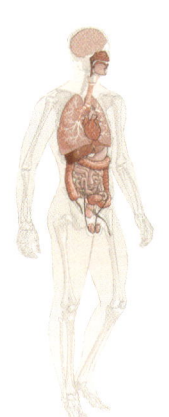
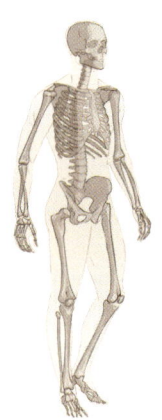

 한 문장 정리

우리 몸을 움직이게 해 주는 기관인 뼈와 근육을 ㅇ ㄷ ㄱ ㄱ 이라고 해요.

소화 기관

음식을 먹으면 입에서부터 배 속을 거치는 동안 음식물은 잘게 쪼개지고 그 안에 있는 영양소는 몸으로 전달돼요. 이를 소화라고 하지요. 이처럼 소화를 담당하는 몸속 기관을 '소화 기관'이라고 합니다.

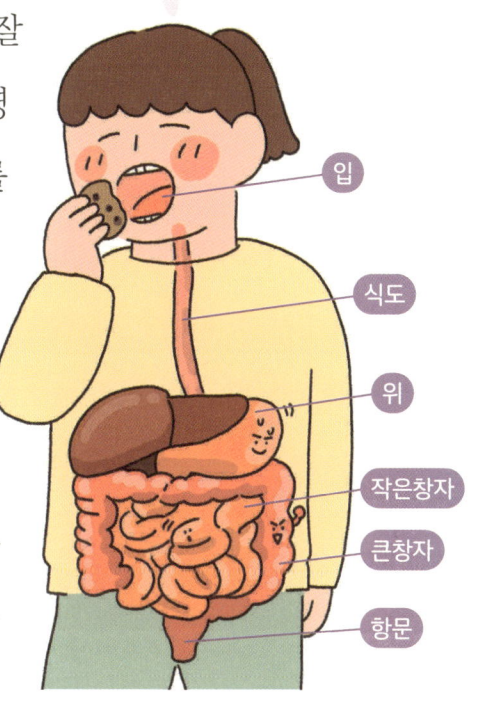

소화 기관에는 입, 식도, 위, 작은창자, 큰창자, 항문 등이 있어요. 이 기관들은 우리가 음식을 먹으면 자신의 역할을 척척 수행하면서 음식을 소화할 수 있게 해 준답니다.

먼저 입은 음식물을 이로 잘게 부수고, 혀로 섞은 뒤 침으로 물러지게 하여 삼킬 수 있도록 도와주는 일을 합니다. 음식을 삼키면 음식은 식도를 통하여 위로 들어가요. 위에서는 위액을 분비하여 음식물을 잘 섞고, 더 잘게 쪼개질 수 있도록 움직인답니다.

그렇게 잘게 쪼개진 음식물은 작은창자로 들어가는데 작은창자에서는 그 음식물을 더욱 잘게 분해하도록 액체를 분비하고 영양소를 흡수합니다. 우리가 음식에서 얻는 영양소는 바로 작은창자에서 흡수한 것이랍니다.

한편 영양소가 흡수되고 남은 음식물 찌꺼기들은 큰창자로 이동해요. 큰창자에서는 음식물 찌꺼기에 남아 있는 수분을 흡수하고 항문으로 찌꺼기를 옮기지요. 마침내 항문으로 음식물 찌꺼기를 배출합니다. 이것을 '대변' 즉, 똥이라고 부르지요.

👆 한 문장 정리

음식을 소화하는 데 필요한 입, 식도, 위, 작은창자, 큰창자, 항문 등을  이라고 해요.

호흡 기관

드라마나 영화에서 산소마스크를 쓰고 있는 환자의 모습을 본 적이 있을 거예요. 숨을 쉬기 어려운 환자에게 인공적으로 산소를 집어넣어서 숨을 쉴 수 있게 도와주는 것이죠. 이렇게 숨을 들이마시고 내쉬는 것은 생명을 유지하는 데 굉장히 중요한 일이랍니다. 실제로 해 보면 숨을 1분 이상 참기가 매우 어렵다는 것을 알 수 있어요. 물에 빠졌을 때 사람이 죽는 이유는 바로 숨을 쉴 수 없기 때문이에요. 이렇게 숨을 들이마시고 내쉬는 것을 호흡이라고 하는데, 우리 몸에는 호흡을 담당하는 '호흡 기관'이 있습니다.

호흡 기관에는 코, 기관, 기관지, 폐가 있어요. 이러한 호흡 기관들은 우리 몸

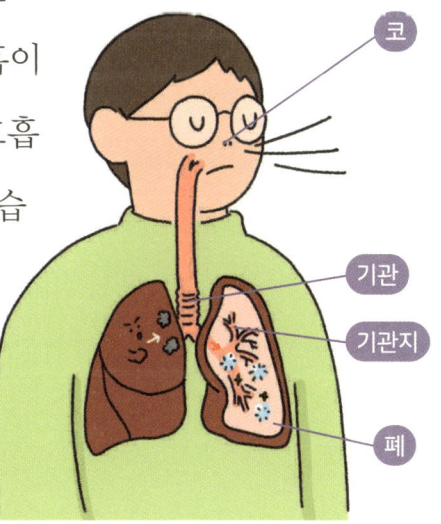

들숨에 산소가 들어오고, 날숨에 이산화탄소가 나가.

에서 산소를 들이마시고 이산화탄소를 내뱉을 수 있도록 각자의 역할을 합니다. 숨을 쉴 때를 생각해 보면 알 수 있어요.

우리는 코를 이용해서 공기를 들이마십니다. 이렇게 들어간 공기는 기관이라는 공기가 다니는 통로로 들어간답니다. 그렇게 들어간 공기는 기관지라는 관을 지나 폐에 도착하지요. 폐는 도착한 공기 안에 있는 산소를 빼낸 다음, 몸속에서 발생한 이산화탄소를 담아서 다시 내보내게 됩니다. 이렇게 내보낸 이산화탄소는 들어온 순서와 반대로 기관지를 통과한 후 기관을 통해서 코로 나간답니다.

우리 몸에 있는 기관들이 움직이기 위해서는 산소가 필요해요. 호흡을 하지 않으면 각 기관에 도달하는 산소가 부족하여 제 역할을 제대로 하지 못한답니다. 또 각 기관들이 열심히 일하다 보면 이산화탄소가 발생하는데, 이렇게 만들어진 이산화탄소는 다시 몸 밖으로 내보내야 하거든요. 그러니까 호흡은 굉장히 중요한 일인 거지요.

이렇게 우리 몸의 호흡 기관은 산소와 이산화탄소의

교환이 계속해서 일어날 수 있도록 해야 합니다. 호흡을 제대로 하지 못하면 생명이 위험해질 수 있으니까요.

👆 한 문장 정리

우리 몸에 필요한 산소를 흡수하고, 이산화탄소를 배출하게 도와주는 코, 기관, 기관지, 폐를 이라고 해요.

순환 기관

영화나 드라마에서 심장 박동을 측정하는 기계를 본 적이 있지요? 심장은 우리 몸에서 가장 중요한 기관이라고 할 수 있어요. 우리 몸에 있는 혈액을 온몸으로 보내는 역할을 하니까요.

우리 몸에 혈액이 흐르지 않는 곳은 없어요. 머리부터 발끝까지 모두 혈액이 흐르고 있지요. 혈액에는 소화 기관에서 열심히 소화해서 흡수한 영양소와 호흡 기관에서 흡수한 산소가 담겨 있답니다. 그렇기에 혈액이 온몸 구석구석 잘 흘러가야 영양소와 산소가 잘 전달되는 것이지요. 이처럼

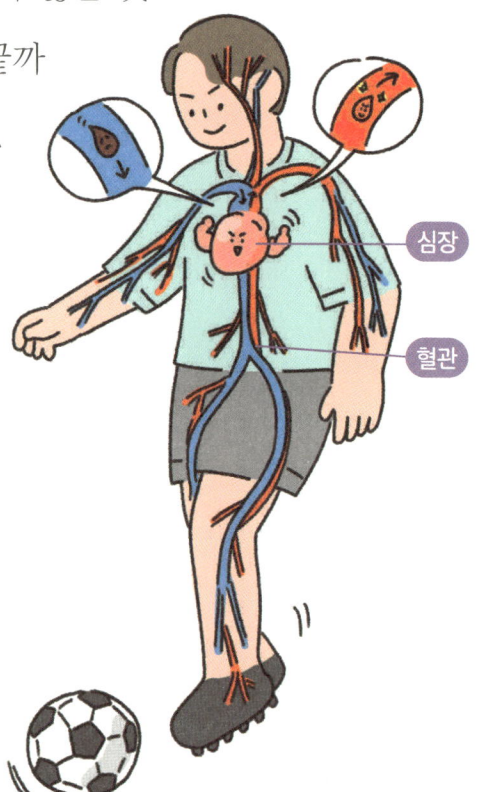

혈액의 이동에 관여하는 심장과 혈관을 '순환 기관'이라고 합니다.

혈액은 심장과 혈관을 통해서 온몸에 배달됩니다. 심장이 두근거리면서 펌프 작용을 하고, 이러한 펌프 작용으로 혈액이 혈관이라는 통로를 거쳐 온몸으로 가는 것이랍니다. 심장과 혈관이 있기에 소화 기관과 호흡 기관에서 일한 결과물인 영양소와 산소가 온몸에 전달되는 것이고, 우리 몸에 불필요한 물질인 노폐물과 이산화탄소도 배출할 수 있답니다.

심장은 주먹 모양처럼 생겼어요. 그리고 대부분 우리

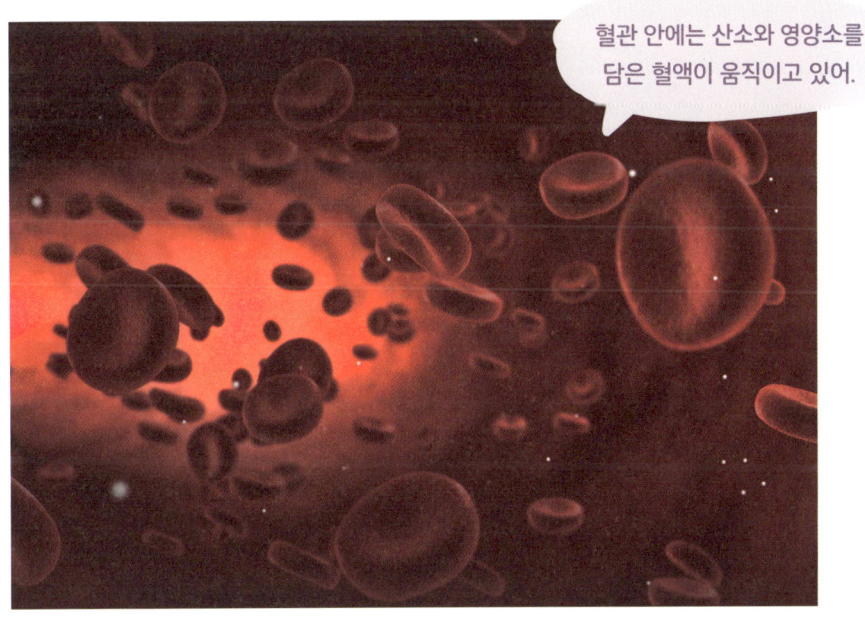

혈관 안에는 산소와 영양소를 담은 혈액이 움직이고 있어.

몸의 왼쪽 가슴에 있답니다. 혈관은 동맥과 정맥, 모세 혈관으로 이루어져 있어요. 산소와 영양소를 옮기는 것은 동맥이고 이산화탄소와 노폐물을 옮기는 것은 정맥이랍니다. 이 중에서 정맥은 피부 가까이에 있고, 동맥은 조금 더 몸 깊숙이 자리하고 있어요.

두꺼운 동맥과 정맥뿐만 아니라 우리 몸 깊숙한 곳, 손끝 발끝까지 모든 곳에는 혈관이 존재합니다. 이러한 혈관들은 동맥과 정맥에서 갈라져 나오는데, 매우 가늘어서 모세 혈관이라고 불러요.

👉 **한 문장 정리**

산소와 영양소를 담은 혈액을 온몸으로 이동시키는 혈관과 심장을  이라고 해요.

심장

앞에서 살펴보았듯이 순환 기관에는 혈관과 심장이 있어요. 심장은 단순히 혈액을 내보내는 것이 아니라 종류에 맞게 순환시키는 역할을 해요. 이것을 '온몸 순환'과 '폐순환'이라고 한답니다.

먼저 영양소와 산소를 온몸의 기관에 전달하고, 노폐물과 이산화탄소를 받아와서 배출하는 순환을 '온몸 순환'이라고 합니다. 온몸 순환은 폐를 거쳐 가는 혈액 순환을 제외한 심장과 온몸 사이에 발생하는 모든 순환을 뜻하는데, 우리가 공부했던 순환이 바로 온몸 순환이랍니다.

폐를 거치는 혈액 순환은 '폐순환'이라고 합니다. 폐순환은 온몸 순환과 다르게 폐와 심장 사이에 발생하는 순환입니다. 호흡 기관인 폐에서 흡수한 산소가 그대로 폐에 머물러만 있으면 온몸에 전달되지 않을 거예요. 폐순환을 통해서 폐에 있던 산소가 심장으로 전달이 되어야만 심장에서 산소를 온몸으로 순환시킬 수 있어요.

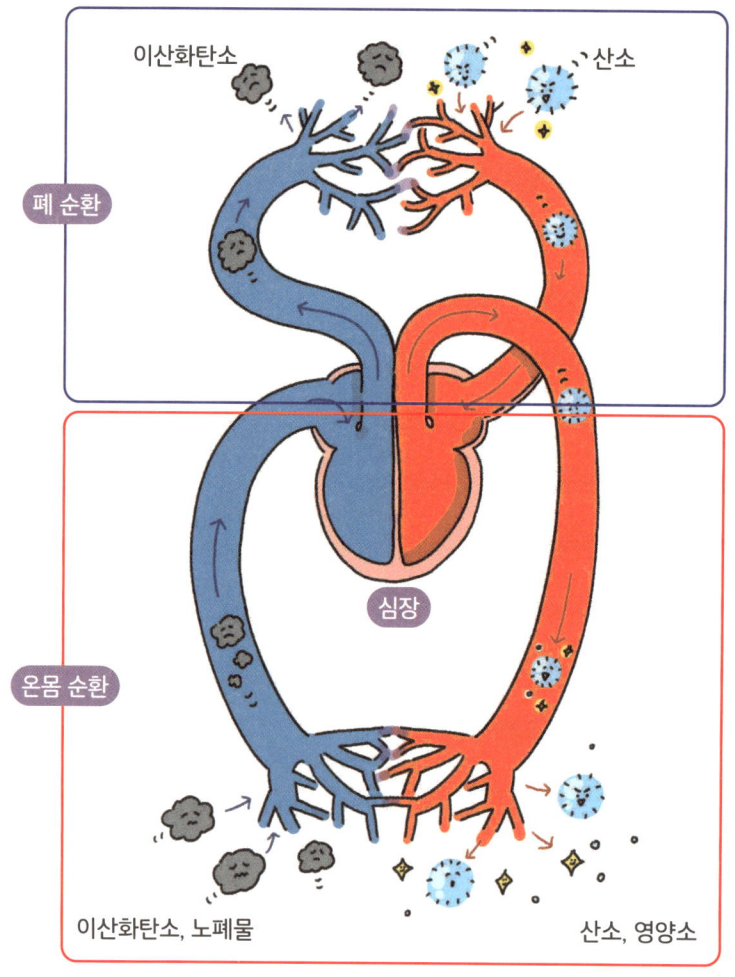

　이러한 폐순환이 없다면 심장에서는 혈액을 통하여 영양소만 전달하게 될 것이고, 그러면 우리 몸속 산소가 필요한 기관들은 산소를 받지 못할 거예요. 마찬가지로 우리 몸에서 발생한 이산화탄소 또한 혈액을 통하여 폐로 전달되어 몸 밖으로 나가야 하기 때문에 심장에서 이

산화탄소를 받아서 폐로 옮기는 과정 또한 필요해요.

이런 중요한 순환을 두 가지나 해야 하기 때문에 심장은 복잡하게 생겼어요. 두 개의 심방과 두 개의 심실이 함께 존재하지요.

👆 한 문장 정리

 은 순환 활동인 온몸 순환과 폐순환을 통하여, 온몸에 산소와 영양소를 전달해요.

배설 기관

아침에 일어나면 가장 먼저 하는 일이 무엇인가요? 아마도 소변보러 화장실부터 갈 거예요. 소변은 혈액 속의 노폐물과 수분이 콩팥에서 걸러져서 방광 속에 괴어 있다가 요도를 통하여 몸 밖으로 배출되는 액체입니다. 오줌이라고도 하지요. 이렇게 노폐물을 몸 밖으로 배출해 내는 과정을 '배설'이라고 하는데, 이처럼 소변으로 배설할 수 있게 해 주는 기관을 '배설 기관'이라고 합니다.

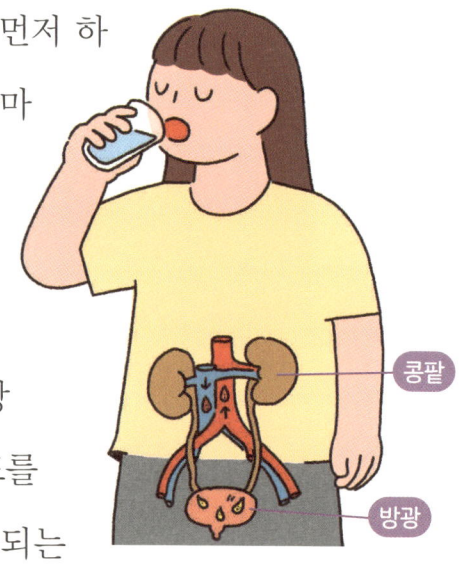

배설 기관에는 콩팥과 방광이 있습니다. 콩팥은 등허리 쪽에 두 개가 있으며 혈액에 있는 노폐물을 거르는 역할을 한답니다. 우리 몸에서 흐르는 혈액이 노폐물을 모아서 가져오면 콩팥에서 그 노폐물을 걸러 주고, 노폐물이 걸러진 깨끗한 혈액은 다시 혈관을 통하여 순환하게 됩니다. 걸러진 노폐물은 수분과 함께 소변으로 변하고, 이런 소변은 방광에 모이게 되지요.

배설 기관은 우리 몸에서 아주 중요한 역할을 합니다. 만약 콩팥에서 노폐물을 제대로 거르지 못하고 노폐물이 계속 혈액 안에 있으면 점점 노폐물이 쌓이고 그로 인해서 병이 생겨 생명이 위험해질 수도 있어요.

그렇기에 콩팥이 제 역할을 하지 못하면 인공적으로 혈액을 빼내서 기계를 이용하여 노폐물을 거른 후, 다시 몸으로 넣는 투석을 해야 해요. 콩팥은 한번 망가지면 다시 회복하기 어려운 기관이니 더욱 주의해서 관리해야 한답니다.

▎한 문장 정리

몸속의 노폐물을 걸러서 배출하는 콩팥, 방광 등을 ㅂ ㅅ ㄱ ㄱ **이라고 해요.**

배설

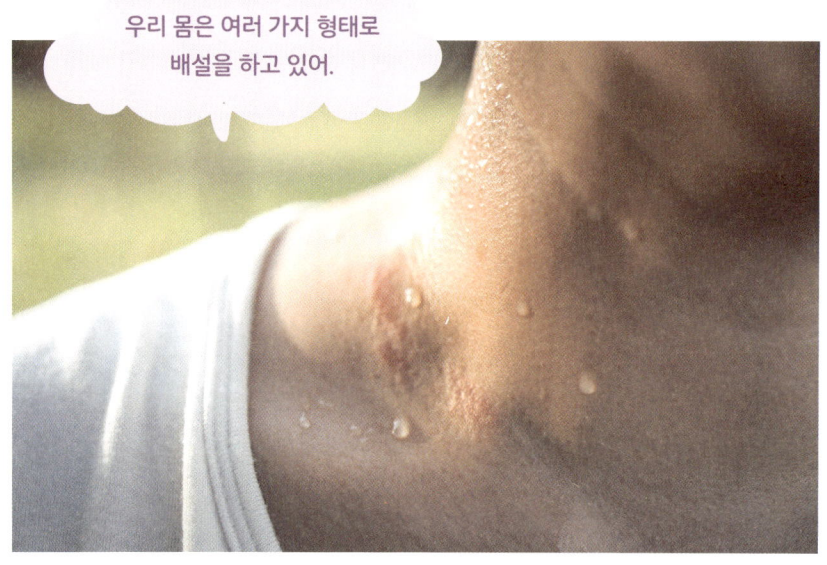

우리 몸은 여러 가지 형태로 배설을 하고 있어.

앞서 배설 기관 중 콩팥과 방광에 관하여 살펴봤어요. 그런데 우리 몸에서 생기는 노폐물을 모두 소변으로만 배출되는 것은 아닙니다. 우리 몸에는 노폐물이 상당히 많은 편이라 소변으로만 내보내기는 어려워요. 그렇기에 방광에서 나오는 소변을 제외하고도 배설의 역할을 하는 것이 한 가지 더 있답니다. 바로 땀이지요.

땀은 땀샘에서 나오는 액체예요. 보통은 더울 때나 매운 음식을 먹을 때, 또는 긴장하는 상황에서 자주 나와요. 사람의 몸에는 200~400만 개가 되는 땀샘이 있어요. 생각하는 것보다 훨씬 많지요.

땀샘은 어디에 가장 많이 있을까요? 여름이면 등 뒤로 땀이 줄줄 흐르곤 해요. 그래서 땀샘이 등에 많이 있다고 생각할 수도 있지요. 하지만 사실 땀샘은 발바닥에 제일 많이 있고 오히려 등에는 가장 적게 있다고 해요.

여러분은 땀이 체온을 조절한다고 생각했을 거예요. 틀린 말은 아니에요. 실제로 땀은 체온을 조절하는 역할을 하니까요. 이에 더해 우리가 공부한 배설에도 도움을 준답니다. 땀에도 소변처럼 노폐물이 담겨 있습니다.

그런데 이 글을 읽다 보니 한 가지 빠진 게 아닌가 하는 생각이 들지도 몰라요. '대변은 배설물이 아닌가?'라는 생각이지요.

대변은 사실 과학적으로는 배설물이라고 할 수 없고 배출물이라고 불러야 맞아요. 소변과 땀은 혈관에 흐르는 노폐물이 배설 기관에 의하여 걸러져 나오는 것이므로, 즉 우리 몸 안에 들어온 물질이 나가는 것이어서 배설물이라고 부릅니다. 하지만 대변은 우리가 밖에서 먹은 음식물이 소화 기관들을 그냥 통과해서 만들어진 것이기 때문에, 몸 안(혈액)에 들어갔다가 나가는 물질이 아닌 거지요. 그러므로 엄밀히 말해서 대변은 배설물이라고 할 수 없습니다.

소변과 땀은 그냥 평범하게 있다 보면 자연스럽게 나오는 것이고 참을 수 있는 것도 아니지요. 실제로 배설을 제대로 하지 못하면 크게 아픈 경우도 있어요. 그러니 부끄럽다고 귀찮다고 참지 말고 소변이 급하면 바로 화장실로 가서 해결해야 해요.

한 문장 정리

 은 우리 몸에 쌓인 노폐물을 소변과 땀으로 내보내는 것이에요.

감각 기관

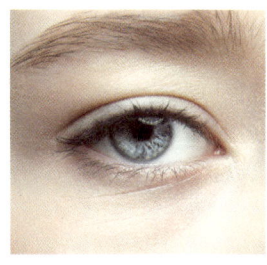 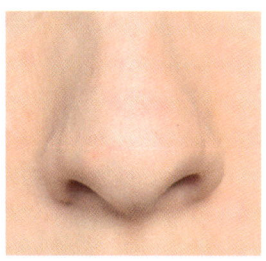

사람은 보통 다섯 종류의 감각 기관을 가지고 있어.

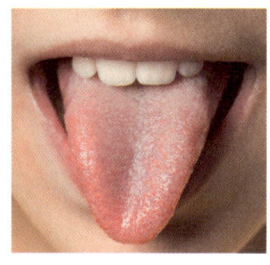 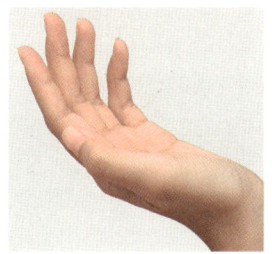 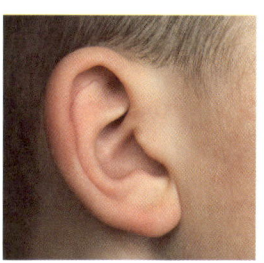

'감각 기관'에는 눈, 코, 귀, 혀, 피부가 있답니다. 과학 시간에 관찰을 할 때 사용되는 기관들이지요. 각각의 감각 기관을 통하여 다양한 자극을 느낄 수 있습니다.

눈은 빛에 의한 자극을, 코는 물건의 향기나 냄새 자극을, 귀는 소리의 자극을, 혀는 맛의 자극을, 피부로는 만져지는 자극을 느낄 수 있지요. 이런 자극은 감각 기관을 통해서 신경과 뇌로 전달되는데, 이렇게 받아들인 자극에 대해서 우리 몸이 움직이는 것을 '반응'이라고 해요.

감각 기관이 제대로 자극을 받아들이지 못하면 이런 반응이 제대로 이루어지지 않아요. 가령, 감기에 걸려서 코가 꽉 막히면 냄새를 잘 맡지 못하는 것처럼 말이에요.

이와는 반대로 일부러 자극을 차단하는 때도 있어요. 귀마개를 해서 소리 자극을 인공적으로 막으면, 공부에 집중할 수 있고 소리가 큰 작업을 할 때도 청력을 보호하며 안전하게 작업할 수 있어요.

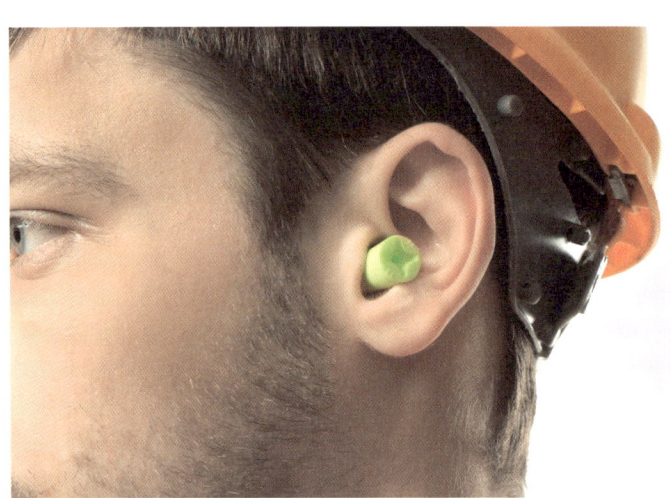

귀마개는 감각 자극을 차단하여 일에 집중하게 도와줘.

 한 문장 정리

다양한 자극을 느끼고 받아들이는 눈, 코, 귀, 혀, 피부를 ㄱ ㄱ ㄱ ㄱ 이라고 해요.

자극과 반응

감각 기관을 통하여 받은 자극에 운동 기관이 반응하면서 공을 피할 수 있어.

피구 경기할 때를 생각해 보세요. 공이 날아오는 모습을 보고 공을 피하거나 공을 잡기도 하지요. 이것을 방금 공부한 기관들과 연관 지어 설명하겠습니다.

우리는 눈이라는 감각 기관을 통해서 공이 날아오는 모습을 볼 거예요. 그리고 그 공이 날아오는 것을 보고 몸을 움직여 공을 피하거나 손을 들어 공을 잡지요. 즉, 운동 기관이 여러분의 몸을 움직이게 한 것이에요.

그렇지만 감각 기관과 운동 기관만 일을 한 것은 아니

에요. 사실 이 짧은 순간에 많은 기관이 동시에 일하고 있어요. 그중에서도 여러분이 감각 기관을 통해서 얻은 <mark>자극</mark>에 반응하게 해 주는 곳이 바로 신경계랍니다.

신경계가 어떻게 활동하는지 피구의 한 장면으로 알아볼게요. 먼저 감각 기관인 눈으로 공이 날아오는 모습을 보면, 감각 기관에서는 자극을 전달하는 신경계를 통해서 행동을 결정하는 신경계(주로 뇌와 척수)로 이를 전달하지요. '공이 날아오고 있다.'라는 자극을 받은 신경계는 어떤 행동을 할 것인지 순간적으로 결정하게 됩니다. 그렇게 결정된 행동을 명령을 전달하는 신경계로 전달합니다. 신경계는 운동 기관에 자신이 전달받은 명령을 하는데, 이때 운동 기관은 그 명령에 맞게 움직인답니다.

이렇게 자극을 받아서 운동 기관에 전달되는 과정을 <mark>'반응'</mark>이라고 해요. 자극을 받아 움직이는 것이 너무나 당연해 보이지만, 사실 이런 과정을 순식간에 이루어지는 것이랍니다.

그리고 한 가지 더! 반응은 반드시 생각해서 일어나는 것이 아니라는 거예요. 태어나면서부터 선천적으로 가진 반응들이 있어요. 이런 반응은 생각(의식)하고 이루어지는 것이 아니라 무조건 일어나는 것이기에 '무조건 반사'라고도 한답니다. 대표적으로 재채기는 먼지가 들어왔다는 자극을 인식하고 생각해서 하는 것이 아니라, 연수라고 하는 중추 신경계가 바로 반응하는 무조건 반사이지요. 이런 무조건 반사는 대부분 우리 몸을 위협으로부터 보호하는 역할을 한답니다.

👆 한 문장 정리

감각 기관에서 얻은 ㅈㄱ 이 신경계로 전달되고, 신경계를 통해서 전달된 명령으로 운동 기관이 움직이는 것을 ㅂㅇ 이라고 해요.

문해력 튼튼

● 다음 글을 읽고, 물음에 답해 보세요.

물 대신 소변을 마셔도 되나요?

나는 오줌싸개 동상이야. 오줌이 아니라 물을 싸는 거라고.

영화에서 사막과 같은 곳에서 물이 떨어졌을 때 소변을 마시며 위기를 극복하는 모습이 나오곤 해요. 하지만 이것은 잘못된 방법이에요. 소변은 탈수를 막지 못할 뿐만 아니라 오히려 더 빨리 탈수를 일으킬 수 있어요.

소변은 몸 안의 노폐물을 배출하기 위한 운반 수단이에요. 콩팥에서 걸러 낸 노폐물을 방광에 모았다가 몸 밖으로 내보내는 거예요. 소변은 대부분이 물이지만 소금, 미네랄 그리고 미량의 독소가 포함되어 있어요. 물을 마시지 못한 상태에서 소변을 보면 이들 오염 물질의 농도가 더 높아져요. 절박한 상황에서 소변을 마신다면, 오염 물질이 체내로 다시 들어가는 거예요.

바닷물을 마시면 오히려 탈수 증상이 나타난다는 것은 다들 알 거예요. 바닷물의 소금 때문에 몸속의 수분이 더 빨리 배출되기 때문이에요. 우리 몸은 필요한 만큼의 소금을 빼고 나머지를 소변으로 내보내요. 소변에 소금이 포함되어 있기 때문에 소변을 많이 마실수록 더 빨리 탈수가 일어나요.

소변은 세균이 없는 무균 상태라는 것이 과학계의 일반적인 의견이에요. 그런데 2014년, 미국의 한 연구소에서, 소변에서 세균을 발견했다는 연구 결과를 발표했어요. 소변에 세균이 있는지, 없는지는 의견이 분분하지만 깨끗하다고만 할 수는 없어요.

소변이 유일한 수분일 경우에 소변을 안전하게 마실 수 있는 방법은 두 가지예요. 소금은 통과가 안 되는 필터로, 물만 통과할 수 있도록 높은 압력으로 정수하는 것이에요. 다른 하나는 소변을 증발시켜서 다른 용기에 다시 수분을 응축시켜 모으는 것이에요. 바닷물을 끓여 수증기를 모아 물방울로 만드는 방법과 같아요. 그런데 이 방법들은 소변에서 마실 수 있는 물을 분리할 수는 있지만, 소변 냄새를 완전히 제거하지는 못해요.

- 소변이 우리 몸에서 하는 역할을 찾아 써 보세요.

착시 현상 관찰하기

 감각 기관 중 하나인 눈은 자극을 받아들이고, 뇌를 거쳐 우리 몸이 반응할 수 있게 해 주는 중요한 기관입니다. 눈에 보이는 것으로 우리는 판단하고 움직이는 것이지요. 그런데 여러분은 눈이 사실만을 보지 않는다는 것을 알고 있나요?

 여러분은 이 그림이 어떻게 보이나요? 혹시 그림이 움직이는 것처럼 보이나요? 그림은 인쇄된 것이니 절대 움직일 리 없겠지만 여러분 눈에는 움직이는 것처럼 보일 거예요. 이렇게 실제 사물이나 특정 상황을 있는 그대로 보지 못하고 사물을 잘못 보게 하는 것을 '착시'라고 한답니다.

여러분은 이 그림에서 무엇이 보이나요? 그릇이 보이나요? 사람의 옆모습이 보이나요? 사실 착시는 눈이 잘못 보고 있는 것이 아니에요. 눈은 정보를 뇌로 보내고 뇌는 그 정보를 해석해요. 이런 착시 현상은 눈으로 받아들인 정보가 완전하지 않거나 오류가 있을 경우 생기는 거예요.

이 그림의 도형은 실제 존재할 수 있을까요? 이런 착시 현상을 이용하여 사람들은 미술 작품을 만들거나, 게임을 제작하기도 하고, 옷을 만들 때도 활용하고는 한답니다. 인터넷에서 다양한 착시 현상의 그림들을 검색하여 감상해 보세요.

● **실험의 의의**

이 실험을 통해 감각 기관인 눈이 정보를 어떻게 받아들여 인식하는지 알 수 있어요. 이 과정에서 정보에 문제가 생길 때 착시 현상이 일어날 수 있음을 이해할 수 있어요.

5

에너지와 생활

내리쬐는 햇빛은 지구를 따뜻한 기후로 만들고, 식물이 자랄 수 있게 해요. 동물은 식물을 먹고 움직이며, 새로운 생명을 탄생시키지요. 지금 이 순간에도 지구는 끊임없이 변화하고 있어요. 그런데 이게 모두 에너지와 관련되어 있어요. 다양한 에너지에 대해 알아볼까요?

에너지

와, 너 정말 에너지가 넘치는구나!

활발하게 움직이는 사람이나 힘이 센 사람을 보고 우리는 에너지가 넘친다고 표현해요. 사람뿐만 아니라 모든 생물이나 물체는 다양한 에너지에 의하여 상태가 변하기도 하고 움직이기도 하지요.

'에너지(energy)'는 그리스어에서 그 어원을 찾아볼 수 있어요. '~ 안에'라는 뜻을 가진 그리스어 'en'과 '일'을 뜻하는 'ergon'이 만나 '물체 안에 존재하는, 일을 할 수 있는 능력'을 뜻하는 단어가 되었답니다.

이러한 에너지는 스마트폰을 켤 수 있게 하고 자동차를 움직일 수 있게 해요. 또한 날것의 재료들을 익혀 음식을 만들어 먹을 수 있게 해 주고 어두운 곳에 빛을 비추기도 하지요. 또 물체를 움직이게 하는데요. 높은 곳에서 떨어지는 물체에도 에너지가 존재해요. 이렇듯 다양한 형태로 존재하는 에너지를 우리는 일상생활에서 적절하게 활용하며 살아간답니다.

그런데 이러한 에너지는 형태가 없어 눈으로 직접 볼 수 없어요. 다만 우리는 다양한 물체의 움직임이나 생물의 변화에 의하여 에너지가 있다는 것을 느끼며 짐작할 뿐이에요.

여기 스마트폰 하나가 있어요. 이 스마트폰은 배터리가 전부 소진되어서 작동할 수가 없지요. 그런데 여기에

충전하고 나니 전원이 켜졌어.
고마워, 에너지야!

충전기를 꽂아 어느 정도 충전을 하고 전원을 켜면 다시 에너지를 느낄 수 있답니다. 전원이 켜진 스마트폰에서는 밝게 빛이 나기도 하고 소리도 들리니까요.

이렇게 실제로 특정한 모습을 하고 있진 않지만 늘 우리 곁에 다양한 형태로 존재하는 에너지는 세상의 변화를 통하여 자신의 존재를 끊임없이 알리고 있지요. 우리에게 없어서는 안 될 존재인 에너지, 이 에너지에 관하여 자세히 알아보겠습니다.

👉 **한 문장 정리**

일을 할 수 있는 힘을  **라고 해요.**

힘과 일

가만히 있던 공을 발로 뻥 차면 신나게 굴러가요. 이것은 사람이 공에 힘을 가했기 때문이에요. '힘'은 이렇게 물체를 움직이거나 이동하게 하는 것을 뜻해요.

힘을 받은 물체는 움직임으로써 에너지가 있다는 것을 보여 주지요. 이렇게 힘과 에너지는 떼려야 뗄 수 없는 관계에 있어요.

그럼 일은 무엇일까요? 일이라고 하면 보통 집안일이나 노동자들이 회사에서 하는 일 등이 떠오를 거예요. 그런데 과학에서 말하는 일은 일상생활에서 쓰는 일과 의미가 달라요. 과학에서의 '일'은 어떠한 방향으로 힘을 주었을 때 그 물체가 힘을 준 곳과 같은 방향으로 이동하는 것을 말해요. 물체에 일을 하면 물체는 에너지를 가지게 됩니다. 그렇게 에너지를 가지게 된 물체는 다른 물체에 또 다른 일을 할 수 있지요.

다시 축구공을 떠올려 보세요. 축구 경기가 한창인 운동장, 한 선수가 축구공을 발로 차 힘을 가하면 축구공이 힘의 방향으로 굴러가며 일을 해요. 그러면 그 축구공은 에너지를 가지게 되지요.

이때 빗나간 축구공이 지나가던 친구의 뒤통수를 맞혀요. 그때 친구는 "아야!" 하고 소리 지르며 앞으로 고꾸라지지요. 힘을 받아 에너지가 생긴 축구공이 친구의 머리에 다시 힘을 가하고 앞으로 넘어지는 일을 하게 된 것이랍니다.

이렇게 물체에 일을 해 주면 그만큼 물체의 에너지가 증가해요. 또 에너지를 가진 물체가 일을 하면 그만큼 물체의 에너지가 감소하게 되지요. 넓은 운동장에서 뻥 하고 찬 축구공이 굴러가다 에너지를 잃으면 서서히 멈추는 것과 같은 이치입니다.

👆 **한 문장 정리**

물체를 움직이게 하는 원인을 ㅎ 이라고 하고, 힘의 방향으로 물체가 움직이는 것을 ㅇ 이라고 해요.

에너지의 형태와 종류

에너지는 우리 곁에 정말 다양한 형태로 존재합니다. 교과서에 나오는 열에너지, 빛 에너지, 전기 에너지, 화학 에너지, 운동 에너지, 위치 에너지뿐만 아니라 소리 에너지, 탄성 에너지 등 수많은 형태의 에너지가 존재하지요.

또한 에너지는 에너지를 얻는 자원으로도 나누어 볼 수 있어요. 우리가 에너지를 얻을 수 있는 자원에는 모든 생명의 근원이라 할 태양이 있지요. 또한 석유나 석탄, 천연가스 등의 화석 연료도 빼놓을 수 없으며 우라늄 등의 원료를 이용하는 핵(또는 원자력)에너지 등도 있습니다.

👉 **한 문장 정리**

 는 다양한 형태로 존재하며, 여러 자원을 통하여 얻을 수 있어요.

열에너지

맛있는 라면을 먹으려면 먼저 물을 끓여야 하지!

　불이 켜진 가스레인지 위에 물이 담긴 냄비를 올리고 시간이 지나면 물이 점점 뜨거워지다가 끓어오르지요. 이렇게 물체의 온도와 관련된 에너지를 '열에너지'라고 합니다. 뜨거운 물체일수록 더 많은 열에너지를 가지고 있어요. 매일 지구를 비추는 태양이 대표적이지요. 사람들은 예로부터 이러한 열에너지를 다양한 방법으로 이용해 왔습니다.

　열기구 안에 불을 피워 기구 속의 공기를 뜨겁게 데워

열기구를 띄우는 데 사용하기도 하고, 석탄 등의 연료를 태워 나오는 열에너지를 이용하여 기관차의 엔진을 움직이게도 하며, 화력 발전에 이용하기도 한답니다. 또 음식을 익혀 먹기도 하고 몸을 따뜻하게 데우기도 하지요.

한 문장 정리

물체의 온도와 관련된 에너지를  라고 해요.

빛 에너지

 앞서 태양은 열에너지를 가지고 있다고 했어요. 그런데 동시에 태양이 가진 또 다른 에너지가 있는데요. 바로 빛 에너지예요. '빛 에너지'는 말 그대로 빛이 가진 에너지예요. 이렇게 태양에서 오는 빛 에너지와 열에너지를 통틀어 태양 에너지라고도 해요. 태양 에너지를 이용한 태양 전지와 태양광 발전 등은 우리 생활에 아주 유용하게 활용되고 있지요.

태양 외에도 빛나는 것은 모두 빛 에너지를 가지고 있어요. 스마트폰의 빛나는 화면, 깜깜한 밤을 비추는 가로등처럼 말이에요. 또한 자동차의 *전조등 불빛이나 건물을 밝혀 주는 조명에도 빛 에너지가 있어요.

식물도 이러한 빛 에너지를 적극적으로 활용합니다. 바로 식물이 양분을 얻는 주된 방법인 광합성이지요. 식물은 흡수한 빛 에너지에 이산화탄소와 물을 더해서 필요한 영양분을 만든답니다.

* **전조등** 자동차의 앞에 달린 전등.

 한 문장 정리

빛이 가진 에너지를 ㅂ   에너지라고 해요.

전기 에너지

옛날과 오늘날의 생활 모습이 엄청나게 달라진 것은 전기를 이용하면서부터였어요. 모든 것을 사람 손이나 동물의 힘을 이용해야만 했던 과거와 달리, 지금은 많은 것을 전자 기기의 힘을 빌려 해낼 수 있게 되었지요. 이렇게 전자 기기를 움직일 수 있게 하는 것이 바로 전기이고, 전기가 가진 에너지를 '전기 에너지'라고 합니다.

전기 에너지를 얻기 위하여 우리는 다양한 발전 방식을 활용해요. 수력 발전과 화력 발전, 원자력 발전, 태양광 발전 등이 그 예이지요. 그 외에도 풍력 발전, 지열 발전 등 과학 기술이 발달한 만큼 발전의 종류도 다양해졌어요. 우리가 생활 속에서 전기를 많이 사용하는 만큼 이러한 발전소들도 할 일이 많아졌답니다.

그런데 발전소는 우리에게 전기를 제공하는 꼭 필요한 존재이지만 전기를 만드는 과정에서 많은 환경 오염을 일으켜요. 그러므로 환경 오염을 줄일 수 있는 다양한 친환경 방법들을 생각하고 실제로 적용하는 여러 시

우리는 모두 전기 에너지를 만들어.

▲ 풍력 발전

▲ 원자력 발전

▲ 화력 발전

▲ 수력 발전

도를 하고 있답니다. 아름다운 지구를 오랫동안 보존하기 위해서 과학자들은 더 나은 발전 방법을 끊임없이 연구하고 있어요.

 한 문장 정리

전기가 가진 에너지를 ㅈ ㄱ 에너지라고 해요.

화학 에너지

전자 기기는 전기가 통하면 움직일 수 있는 힘이 생겨요. 그렇다면 사람이나 동물은 어떤 방식으로 움직일 힘이 생길까요? 이와 관련된 에너지가 바로 화학 에너지입니다.

'화학 에너지'는 물질의 성질이 변하면서 생기는 에너지를 말해요. 예를 들어 소가 풀을 먹고 나면 소화의 과정을 거치는데요. 그 과정에서 풀은 잘게 부서지고 소화 효

식물은 빛으로 광합성을 하면서 화학 에너지를 만들어.

소와 섞이며 영양분으로 바뀌고, 동물을 이루고 있는 세포들에 흡수되지요. 즉, 음식의 성질이 소화를 통해서 영양분으로 바뀌어 동물이 움직일 에너지를 주는 것이지요.

동물과 식물의 생태계를 살펴볼게요. 동물은 다른 동물이나 식물을 통하여 영양분을 만드는 소비자입니다. 반면 식물은 영양분을 스스로 만들 수 있는 생산자예요. 식물은 빛을 통하여 광합성을 하고 빛을 양분으로 바꾸어 저장해요. 이때 빛이 양분으로 성질이 바뀌며 화학 에너지가 발생합니다.

👆 **한 문장 정리**

식물이 광합성을 하거나 동물이 소화할 때처럼 물질의 성질이 바뀌는 과정에서 발생하는 에너지를  **에너지라고 해요.**

운동 에너지

앞서 힘과 일 그리고 에너지의 관계에 대하여 알아보았어요. 이때 빠질 수 없는 것이 바로 운동 에너지입니다. 힘을 받은 물체가 운동할 때 생기는 에너지가 '운동 에너지'이기 때문이지요.

움직이는 것은 운동 에너지를 가져.

공을 힘껏 던지면 날아가고 자동차 장난감의 바퀴를 굴리면 움직여요. 활시위를 당겨 화살을 쏘면 날아가 과녁에 박히기도 하고, 자전거 페달을 굴리면 자전거는 앞으로 나아가지요. 이러한 것들은 모두 운동 에너지와 관련 있는 것이랍니다.

또 바람이 세게 불수록 풍차가 빠르게 돌아가는 것도 운동 에너지와 관련이 있어요. 이때 생기는 에너지를 활용하는 것이 풍력 발전이지요. 이 밖에도 우리 생활 속에서 찾을 수 있는 운동 에너지의 예는 무척 많아요. 우리는 이러한 운동 에너지를 적절하게 이용하며 살아가고 있답니다.

한 문장 정리

힘을 받은 물체가 운동하고 있을 때 생기는 에너지를 ㅇ ㄷ 에너지라고 해요.

위치 에너지

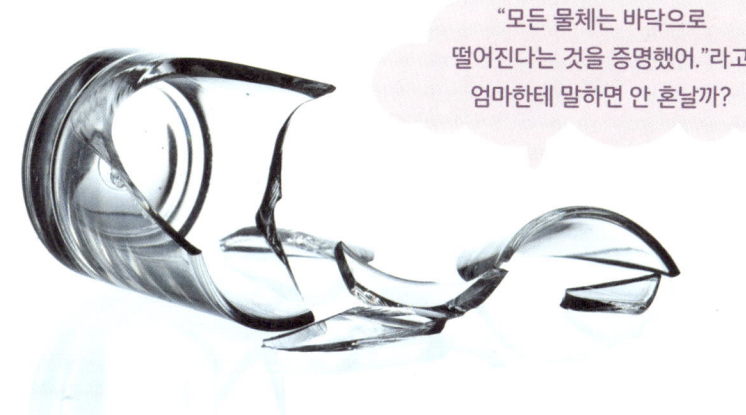

"모든 물체는 바닥으로 떨어진다는 것을 증명했어."라고 엄마한테 말하면 안 혼날까?

  높은 곳에 있던 물체를 놓으면 그 물체는 바닥을 향하여 떨어집니다. 이것은 지구가 가진 중력이라는 힘 때문이지요. 이렇게 높은 곳에 있던 물체가 중력에 의하여 떨어지면서 생기는 에너지를 '위치 에너지'라고 해요.

  망치를 높이 들었다가 내려치면 그 힘으로 못을 박을 수 있지요. 책상 위에서 연필을 떨어뜨릴 때도 위치 에너지가 생겨요. 시소를 탈 때 시소의 한쪽에 있는 친구가 내려와 버리면 다른 쪽 친구는 엉덩방아를 찧게 되고요. 주머니에 있던 스마트폰이 바닥으로 떨어질 때도 위

망치의 위치가 높은곳에서 낮은곳으로 변화하면서 생기는 에너지를 위치 에너지라고 해.

치 에너지가 생깁니다.

위치 에너지는 높이가 높을수록 물체가 무거울수록 더욱 커져요. 우리는 이러한 위치 에너지를 생활 곳곳에서 이용하고 있어요. 특히 물이 떨어지며 생기는 위치 에너지를 활용한 것이 수력 발전이랍니다.

 한 문장 정리

높은 곳에 있던 물체가 떨어지며 생기는 에너지를 ㅇ ㅊ 에너지라고 해요.

에너지 전환

이 세상에는 이렇게 다양한 형태의 에너지들이 존재해요. 그런데 사실 이 에너지들은 하나씩 따로 떨어져 있다기보다 서로 영향을 미치는 존재랍니다. 사람이 밥을 먹고 소화하면 화학 에너지가 발생하는데 이것은 우리가 몸을 움직일 때 운동 에너지로 바뀌어요. 여러 가지 가전제품은 전기 에너지를 열에너지나 빛 에너지 등 다양한 에너지로 바꾸어 우리가 편리한 방식으로 사용할 수 있게 해 주고요. 또한 운동하는 물체는 운동 에너지를 가지는 동시에 위치 에너지를 가지는 경우가 많아요.

이렇게 에너지는 끊임없이 다른 형태로 바뀌어요. 이렇게 한 형태의 에

너지가 다른 형태의 에너지로 바뀌는 것을 '에너지 전환'이라고 하지요. 우리는 에너지를 적절하게 전환하여 활용하며 살아가고 있어요.

특히 우리는 다양한 형태의 에너지를 전기 에너지로 바꾸어 생활에 활용해요. 이러한 에너지들은 형태는 변하지만 전체 양은 변하지 않고 일정한데, 이것을 '에너지 보존 법칙'이라고 합니다.

▲ 물이 높은 곳에서 낮은 곳으로 떨어질 때 생기는 위치 에너지 ➡ 전기 에너지

▲ 석유나 석탄 등 연료를 태우며 나오는 열에너지 ➡ 전기 에너지

▲ 태양의 빛 에너지 ➡ 전기 에너지

▲ 바람이 프로펠러를 움직이는 운동 에너지 ➡ 전기 에너지

열에너지, 운동 에너지, 위치 에너지, 전기 에너지 등 많은 형태의 에너지는 갑자기 생기는 것도 아니고 갑자기 사라지는 것도 아닙니다. 다만 서로 모습이 바뀌어 나타나는 것뿐이지요. 우리가 사는 지구에서 일어나는 모든 일은 결국 총량은 같지만 다양하게 전환되는 에너지에 의한 현상이라고 할 수 있어요. 이런 관점에서 지구를 바라보면 지구가 더욱 새롭고 신비로운 존재라는 것을 느낄 수 있을 거예요.

한 문장 정리

한 형태의 에너지가 다른 형태의 에너지로 바뀌는 것을 에너지 ㅈ ㅎ 이라고 해요.

 문해력 튼튼

● 다음 글을 읽고, 물음에 답해 보세요.

자연을 살리는 인간의 노력, 신재생 에너지

우리는 지금껏 수많은 양의 전기를 생산해서 사용하고 있습니다. 땅 밑에 묻힌 석탄과 석유 그리고 천연가스를 무방비하게 사용한 결과, 앞으로 사용할 수 있는 화석 연료는 거의 남아 있지 않다고 합니다.

이러한 에너지 고갈에 대비해서 자원을 절약하는 것도 중요하지만, 화석 연료를 대체할 신재생 에너지를 개발해야 한다는 목소리가 커지고 있습니다. 현재 세계 여러 나라에서는 신재생 에너지에 관한 연구가 활발하게 진행되고 있으며, 우리나라에서도 신재생 에너지를 개발하기 위하여 노력하고 있습니다.

그렇다면 신재생 에너지는 무엇을 뜻할까요? 신재생 에너지는 신 에너지와 재생 에너지를 합한 말입니다. 신 에너지는 원래 사용하던 연료로 새로운 기술을 사용하여 얻은 에너지를 말합니다. 이때 사용되는 새로운 기술은 환경 오염을 줄이고, 같은 양의 원료로 더 많은 양의 전기를 생산하는 방법을 연구하는 것이지요.

재생 에너지는 햇빛이나 물, 바람 등을 이용하거나 옥수수나 사탕수수 같은 식물, 또는 동물의 배설물이나 우리가 사용한 쓰레기처럼 재생이 가능한 것을 활용하여 에너지로 만드는 것을 뜻합니다. 태양열 발전이나, 풍력 발전, 수력 발전 등이 여기에 해당하겠지요. 또한 식물이나 동물의 배설물 등을 이용하여 생산한 에너지를 바이오 에너지라고 합니다.

이처럼 과학자들은 환경 오염을 줄이기 위하여 친환경적인 방법을 이용하여 에너지를 효율적으로 생산하는 기술을 계속해서 만들어 내고 있답니다.

- '신재생 에너지'가 어떤 자원을 이용하는 것인지 찾아 써 보세요.

종이비행기 발사대 만들기

우리 주변에는 다양한 종류의 에너지가 존재해요. 이 에너지는 한 가지 형태로만 존재하지 않고, 다른 형태의 에너지로 바뀌어요. 다음 실험을 통해 고무줄의 힘이 어떤 에너지로 바뀌는지 알아봐요.

> **준비물**
> 직사각형 종이, 고무줄, 스테이플러, 종이비행기

● 실험 순서

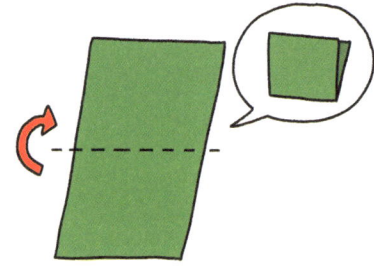

❶ 직사각형 종이를 반으로 접어요.

❷ 양쪽을 그림과 같이 내려 접어요.

❸ 다시 양쪽을 위와 같이 올려 접어요.

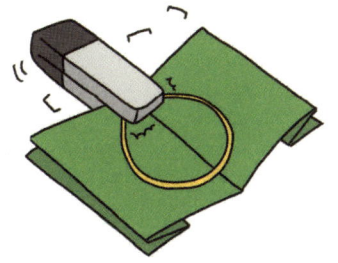

❹ 종이를 펴 한쪽 끝부분 가운데에 스테이플러로 고무줄을 고정해요.

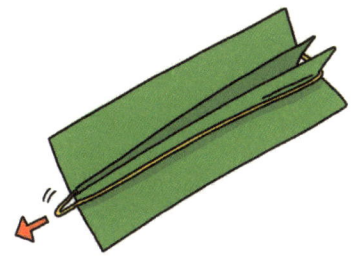

❺ 고무줄을 늘려 종이 반대편에 끼 워요.

❻ 종이비행기를 설치하고 발사대를 양쪽으로 잡아당겨요.

● **주의 사항**

종이비행기를 날릴 때는 사람을 향해서 발사하면 안 돼요.

● **실험의 의의**

발사대에 사용된 고무줄은 늘어났다가 다시 원래의 모습으로 돌아가려는 탄성 에너지를 갖고 있어요. 이 탄성 에너지가 종이비행기에 전해질 때 운동 에너지로 바뀌면서 종이비행기가 빠르게 날아갈 수 있는 거예요.

부록

한 문장 정리 모아 보기

> 앞에서 읽은 내용을 떠올리며, 빈칸에 들어갈 개념들을 써 보세요. 기억이 잘 나지 않을 때는 옆에 적힌 쪽에서 힌트를 얻을 수 있어요.

1. 전기의 이용

- 전자가 일정한 방향으로 흐를 때 생기는 에너지를 ○○○ 라고 해요. ▶ 15쪽
- 강물처럼 계속 흘러가는 전기를 ○○○ 라고 해요. ▶ 18쪽
- 전류가 흐를 수 있는 길을 전기 ○○○ 라고 해요. ▶ 20쪽
- 전지, 전선, 전구 등 다양한 전기 ○○○ 을 사용하여 전기 회로를 만들 수 있어요. ▶ 23쪽
- 전기가 잘 통하는 물체를 ○○○, 전기가 통하지 않는 물체를 ○○○ 라고 해요. ▶ 26쪽
- 전류를 흐르게 하는 힘을 ○○○, 전류의 흐름을 방해하는 것을 ○○○ 이라고 해요. ▶ 28쪽
- 전지와 전구 등을 한길로 연결한 것을 ○○○ 이라고 해요. ▶ 31쪽
- 전지 또는 전구를 여러 갈래의 길로 연결한 것을 ○○○ 이라고 해요. ▶ 34쪽
- 자석의 주위나 전류가 흐르는 전선 주위처럼 저석의 성질이 영향을 미치는 공간을 ○○○ 이라고 해요. ▶ 36쪽
- 전류가 흐를 때에만 자석의 성질을 갖는 것을 ○○○ 이라고 해요. ▶ 39쪽

2. 계절의 변화

- ⬤ ⬤⬤ 은 반복되어 변화하는 기후에 따라 일 년을 구분지은 것을 의미해요. ······ ▶ 49쪽
- ⬤ 태양이 지표면과 이루는 각을 태양 ⬤⬤ 라고 해요. ······························ ▶ 51쪽
- ⬤ 하루 동안 태양 고도는 시간에 따라 달라지고, ⬤⬤ 의 길이와 기온도 달라져요.
  ·· ▶ 54쪽
- ⬤ 계절에 따라 기온이 변화하는 이유는 계절에 따라 태양의 ⬤⬤⬤ 가 달라지기 때문이에요. ··· ▶ 58쪽
- ⬤ 지구의 ⬤⬤ 이 기울어진 채 태양 주위를 공전하기 때문에 ⬤⬤ 이 바뀌어요.
  ·· ▶ 62쪽
- ⬤ ⬤⬤ 에 따라 일 년 동안 받는 태양 에너지의 양이 다르므로 지역마다 계절의 변화가 다르게 나타나요. ·· ▶ 65쪽
- ⬤ 북반구와 남반구는 지구의 위쪽과 아래쪽에 각각 위치하기 때문에 계절은 ⬤⬤⬤ 로 나타나요. ·· ▶ 68쪽
- ⬤ 계절의 변화와 기후의 특징에 따라 한 해를 스물넷으로 나눈 것을 ⬤⬤ 라고 해요.
  ·· ▶ 71쪽

3. 연소와 소화

- ⬤ ⬤⬤ 는 어떤 물질이 산소와 만나면서 많은 빛과 높은 열을 내는 현상이에요. ··· ▶ 82쪽
- ⬤ ⬤⬤⬤ 은 불이 붙을 수 있는 물질을 뜻해요. ··· ▶ 84쪽

- 연소하기 위해서는 ○○ 가 반드시 필요해요 ················· ▶ 86쪽
- ○○○ 은 물질이 산소 속에서 연소하기 시작하는 가장 낮은 온도를 뜻해요. ▶ 89쪽
- 물질이 연소한 후에는 물과 ○○○○○ 가 발생해요. ············· ▶ 92쪽
- ○○ 연소에서 발생하는 연기에는 이산화탄소와 수증기만 있지만, ○○○ 연소에서는 이와 더불어 일산화탄소와 그을음 등이 함께 발생해요. ············· ▶ 94쪽
- ○○ 는 불로 발생하는 재앙이나 재난을 뜻해요. ················· ▶ 96쪽
- ○○○ 재료는 불에 잘 타는 성질의 재료이고, ○○○ 는 불에 타지 않는 성질의 재료예요. ············· ▶ 98쪽
- ○○ 는 연소 중인 상태를 중단시키는 것을 의미해요. ············· ▶ 101쪽

4. 우리 몸의 구조와 기능

- 우리 몸속에 있는 ○○ 은 일정한 모양과 생리 기능을 가진 생물체의 부분을 뜻해요. ············· ▶ 112쪽
- 우리 몸을 움직이게 해 주는 기관인 뼈와 근육을 ○○ ○○ 이라고 해요. ▶ 114쪽
- 음식을 소화하는 데 필요한 입, 식도, 위, 작은창자, 큰창자, 항문 등을 ○○ ○○ 이라고 해요. ············· ▶ 116쪽
- 우리 몸에 필요한 산소를 흡수하고, 이산화탄소를 배출하게 도와주는 코, 기관, 기관지, 폐를 ○○ ○○ 이라고 해요. ············· ▶ 119쪽
- 산소와 영양소를 담은 혈액을 온몸으로 이동시키는 혈관과 심장을 ○○ ○○ 이라고 해요. ············· ▶ 122쪽

- ◯◯◯은 순환 활동인 온몸 순환과 폐순환을 통하여, 온몸에 산소와 영양소를 전달해요.
  ▶ 125쪽

- 몸속의 노폐물을 걸러서 배출하는 콩팥, 방광 등을 ◯◯◯ 이라고 해요.
  ▶ 127쪽

- ◯◯은 우리 몸에 쌓인 노폐물을 소변과 땀으로 내보내는 것이에요. ▶ 130쪽

- 다양한 자극을 느끼고 받아들이는 눈, 코, 귀, 혀, 피부를 ◯◯◯ 이라고 해요.
  ▶ 132쪽

- 감각 기관에서 얻은 ◯◯ 이 신경계로 전달되고, 신경계를 통해서 전달된 명령으로 운동 기관이 움직이는 것을 ◯◯ 이라고 해요. ▶ 135쪽

5. 에너지와 생활

- 일을 할 수 있는 힘을 ◯◯◯ 라고 해요. ▶ 146쪽

- 물체를 움직이게 하는 원인을 ◯◯ 이라고 하고, 힘의 방향으로 물체가 움직이는 것을 ◯◯ 이라고 해요. ▶ 148쪽

- ◯◯◯는 다양한 형태로 존재하며, 여러 자원을 통하여 얻을 수 있지요. ▶ 150쪽

- 물체의 온도와 관련된 에너지를 ◯◯◯ 라고 해요. ▶ 152쪽

- 빛이 가진 에너지를 ◯◯ 에너지라고 해요. ▶ 154쪽

- 전기가 가진 에너지를 ◯◯ 에너지라고 해요. ▶ 156쪽

- 식물이 광합성을 하거나 동물이 소화할 때처럼 물질의 성질이 바뀌는 과정에서 발생하는 에너지를 ◯◯ 에너지라고 해요. ▶ 158쪽

- 힘을 받은 물체가 운동하고 있을 때 생기는 에너지를   에너지라고 해요. ▶ 160쪽

- 높은 곳에 있던 물체가 떨어지며 생기는 에너지를   에너지라고 해요. ▶ 162쪽

- 한 형태의 에너지가 다른 형태의 에너지로 바뀌는 것을 에너지   이라고 해요.
  ▶ 165쪽

초등 과학 진짜 문해력 6-2

초판 1쇄 발행 2023년 2월 10일

지은이 • 김그린, 김혜인, 김희원, 심준보, 양진호, 정창렬, 조민호, 한수현
그린이 • 홍화정
펴낸이 • 강일우
편집 • 엄일남, 최윤영
조판 • 이주니
펴낸곳 • (주)창비교육 │ **등록** • 2014년 6월 20일 제2014-000183호 │ **제조국** • 대한민국
주소 • 04004 서울특별시 마포구 월드컵로12길 7
전화 • 1833-7247 │ **팩스** • 영업 070-4838-4938 │ 편집 02-6949-0953
홈페이지 • www.changbiedu.com │ **전자우편** • contents@changbi.com

ⓒ 김그린, 김혜인, 김희원, 심준보, 양진호, 정창렬, 조민호, 한수현, 홍화정 2023
ISBN • 979-11-6570-199-4 73400

* 이 책 내용의 전부 또는 일부를 재사용하려면 반드시 저작권자와 (주)창비교육 양측의 동의를 받아야 해요.
* 책값은 뒤표지에 표시되어 있어요. * KC마크는 이 제품이 공통안전기준에 적합하였음을 의미해요.